聖手

歌德

Johann Wolfgang von Goethe

沉醉詩歌創作，挑戰權威作家，譜寫傳世名著，發表愛情絕唱，終獲崇高榮譽

出賣靈魂獻給藝術，創作是他無盡的生命追求

世界文壇的傳奇，詩、小說、劇作、散文無文不包！
天下痴情種的驕傲，他溢滿人間的不是盛名，而是愛！
橫跨文學、哲學、自然科學、生物科學的全方位天才！
以眞情待人或生活，轉化爲筆墨，以深情寫就。

他是一個眞正的人，名喚歌德。

潘干眞，胡元斌 編著

目錄

目錄

序

約翰·沃夫岡·馮·歌德（JohannWolfgang von Goethe，1749 —— 1832），18 世紀中葉至 19 世紀初歐洲最重要的劇作家、詩人和思想家，主要作品有劇本《鐵手騎士蓋茲·馮·貝爾力希傑》、書信體小說《少年維特的煩惱》、自傳性作品《詩與真》、詩劇《浮士德》，以及許多抒情詩和評論文章。

歌德從小愛好自然科學和藝術，曾先後在萊比錫大學和史特拉斯堡大學學習法律。他年輕時曾夢想做一個畫家，但在繪畫的同時他又開始了文學創作。他的寫作生涯是從 10 歲開始的。1774 年秋，《少年維特的煩惱》的出版使他一舉成名。

1775 年 11 月，歌德來到威瑪，並進入威瑪公國宮廷參政，自此開始了他近 10 年的官宦生涯。在威瑪，他先後擔任樞密顧問官和軍事長官，還主持過稅務署。1786 年 6 月，他前往義大利，專心從事繪畫、文學創作和自然科學研究。1788 年，他回到威瑪任劇院監督。

1794 年，歌德與德國啟蒙文學的另一個代表人物席勒相遇，在此後的 10 年時間裡，他們在創作上互相幫助，各自寫出了他們的名作。

1805 年後的近 30 年中，是歌德創作上的鼎盛時期。他完成了小說《親和力》，詩集《西東詩集》、《威廉·邁斯特的漫遊年代》，自傳性著作《詩與真》、《義大利遊記》以及耗盡他畢生心血的巨著《浮士德》第一部。1832 年 3 月 22 日，歌德在威瑪逝世，終年 83 歲。

序

歌德生活的時代，是歐洲社會大動盪大變革的時代。當時封建制度日趨崩潰，革命力量不斷高漲，社會正發生著深刻的變革。歌德在這種思潮的影響下，觸發了創作靈感，寫出了振聾發聵的優秀作品。

作為德國「狂飆突進」運動的代表人物，歌德在他的一系列作品中呼喚自由，歌頌反抗，肯定為人類幸福而勞動的思想。他最著名的作品《浮士德》是一部頗富哲學意味的詩劇，反映的是人類追求生命意義的偉大精神。也由於此書，奠定了歌德在世界文學史上的崇高地位。

歌德不僅是偉大的文學家，寫有許多的詩歌、小說、劇本、散文、文藝理論，而且他還是畫家、劇院經理、新聞記者、教育家和自然哲學家。他的成就是多方面的，在文藝理論、哲學、歷史、造型藝術及自然科學等領域，他都為人類做出了寶貴的貢獻。

歌德是歐洲有代表性的詩人，在世界文學史上有崇高的文學地位，其聲譽可與荷馬、但丁、莎士比亞比肩。

歌德的作品曾被翻譯成 48 種語言。他參與世界文學的最突出的例子是兩本詩集《西東詩集》和《中德四季晨昏雜詠》。前者受波斯詩人哈菲茲影響，後者受中國戲劇和小說影響。歌德藉文化交流來提高寬容度，他的「世界文學」被後人稱之為「跨文化交流」。

歌德和朋友席勒還開闢了「以歌德和席勒的友誼為特徵」的德國古典文學全盛時期，他們聯合把德國古典文學推向了高峰，並使威瑪這個小小的公園都城一躍成為當時德國與歐洲的文化中心，對德國古典時期的文學創作產生了極其巨大的影響。

出身富裕市民家庭

在德國西部的美茵河畔，有一個美麗的城市叫法蘭克福，這個城市位於歐洲中心。美茵河是萊茵河的支流，它從東至西把法蘭克福一分為二，使這個城市自古就有船舶舟楫之利。法蘭克福由於交通便利，商業發達，一向是皇帝加冕的地方。

1749 年 8 月 28 日上午，在法蘭克福的牡鹿溝街 23 號的兩幢並排房子裡，一個名叫約翰 · 卡斯帕的人正在屋裡焦急地走來走去。他的身邊是他的岳父特克斯托爾市長和岳母安娜 · 瑪加蕾塔 · 林德海默夫人，以及他的母親科納莉婭 · 塞爾霍恩太太。

此時，卡斯帕的妻子卡塔琳娜 · 伊麗莎白即將分娩，卡斯帕一邊走一邊在心裡默默地念叨：「哦，我尊敬的上帝，請你保佑他們母子平安。」

上帝好像故意為難他們似的，已經快到中午了，卡斯帕的孩子還沒有出生。

「噹噹噹」 —— 正午的鐘聲敲響了！卡斯帕的僕人從伊麗莎白的臥室跑出來向主人報告說：「先生，您的孩子出生了，他是個男孩，不過……」

「什麼？你說什麼？為什麼我沒有聽到孩子的哭聲！」卡斯帕不耐煩地打斷了僕人的話。

僕人不安地說：「是的，先生，您的孩子出了點狀況，接生醫生正在想辦法呢！」

出身富裕市民家庭

「天啊！這是怎麼回事？」卡斯帕的母親塞爾霍恩太太著急地推開了臥室的門，跑進了房間。

伊麗莎白的床邊，醫生正抱起一個新生的嬰兒，只見他臉色青紫，呼吸微弱，正處於休克狀態。

醫生將嬰兒搖來晃去，又是用酒擦心窩，又是拍腳板。經過一番手忙腳亂的搶救，小嬰兒終於睜開了一雙大眼，這是一雙深褐色的黑亮黑亮的眼睛。

在一旁焦急地注視著的塞爾霍恩太太見此情景，不禁驚喜地喊道：「他活下來啦！他活下來啦！」

小嬰兒被祖母的叫聲嚇壞了，他張著粉嘟嘟的小嘴，「哇」的一聲哭了起來。

在門外等待的人們聽到屋子裡傳來的哭聲，終於鬆了一口氣。

第二天，這個被救活的嬰兒在受洗時起名為約翰·沃夫岡·歌德。

誰都沒想到，就是這個險些夭折的孩子後來會成為德國詩壇一顆璀璨奪目的巨星，他的出現使沉寂多年的德國詩壇大放異彩。

歌德出生在一個當地的特權家族，他的父親卡斯帕先生的先祖是圖賓根的手工業者，他曾學過法律，做過律師，在帝國政府、雷根斯堡議會及維也納帝國樞密院任過職，並到過義大利、法國、荷蘭等地遊學觀光。1741 年，卡斯帕在 31 歲的時候，才回到故鄉法蘭克福。

卡斯帕原想在市參議會謀取一個合適的職位，但沒有成功。為了能在一個重視門閥地位的社會中立足，他花錢買了個皇家顧問的頭銜。這樣一來，根據當地的規則，他已不可能再在本地政府任職，而只能賦閒在家，靠食利為生。

1748年，卡斯帕在一場舞會中認識了時任法蘭克福市長的大女兒伊麗莎白，這年8月20日，這位37歲的皇家顧問與年方17歲的市長千金結為夫妻。

歌德是母親的第一個孩子，在這之後的第二年，她的母親又為他生了一個妹妹科納莉婭。當時的德國醫術還不發達，所以孩子生得多，死亡率也很高。以後，歌德的父母還生了幾個弟弟妹妹，但都夭折了。

歌德的父親卡斯帕，是一個勤勉好學、自尊心強、熱愛藝術、愛好收藏名畫古籍、寡言少語、注意整潔、偏重理智的學者，但也是一個性情執拗、辦事刻板、鐵面無情、喜歡吹毛求疵的人。

而他的妻子伊麗莎白的性格則和她的丈夫正好相反。她年輕、有朝氣，對生活充滿了嚮往，同時，她也體貼丈夫，並努力用自己的溫柔去緩解丈夫的嚴峻。她不僅是位賢妻，也是一位良母，她喜歡給孩子們講述童話、《聖經》和一切孩子們感興趣的故事，這些使小歌德受益匪淺。成年後的歌德曾用這樣一首小詩，來概括自己的家人：

父親給我強健的體魄，
還有立身處世的尊嚴。

出身富裕市民家庭

母親給我快活的天性，

還有故事滋潤心田。

曾祖父生來愛好美色，

他的幽靈也忽隱忽現。

曾祖母喜愛金銀首飾，

這同樣流貫我的血管。

所有因素形成一個不可分割的整體，

你能說什麼是人的本性所使然？

愛玩遊戲的孩子

歌德的家所住的街道叫做牡鹿溝街，可是，在這裡，既沒有鹿，也沒有溝。這令小歌德太奇怪了，他問自己的媽媽：「為什麼沒有溝也沒有鹿，卻取了牡鹿溝街這樣一個名字呢？」

媽媽耐心地告訴他，在很久很久以前，法蘭克福市的牡鹿溝街還僅僅是城外的一個不起眼的地方，那時這裡有一條壕溝，養著一些鹿。人們在這裡飼養鹿，是因為依照舊俗，市議會每年要舉行烹鹿公宴。養在這裡的鹿因為離城較近，可以隨時供這個節日取用，就是敵人把城市封鎖包圍了也沒關係。

歌德聽了這個故事很高興，他曾希望能在這個飼養動物的地方看到溫馴的小鹿，可是，他經過思考，覺得這個想法難以實現，也就放棄了。

歌德家的房子是一所古老寬敞的房子。這所房子本來是由兩幢打通了的房子構成的。一道高聳的梯子通到幾間互不連貫的屋子裡，高低不一的樓面靠臺階銜接。樓下有寬敞的前廊、寬大的木柵，透過木柵可以直接與街道和露天相通。這樣一個鳥籠似的東西，人們稱它為「格子間」。

歌德 4 歲時，長著圓鼓鼓的臉，披著短髮，健康活潑，逗人喜愛。他經常與自己的妹妹科納莉婭，以及對面鄰居、已故市長奧克遜施泰因的 3 個兒子一起玩耍。

像所有的孩子一樣，歌德也有調皮搗蛋的時候，有一次他的家人在賣陶器的集市上置備了一些廚房用品，也買了一些小巧的炊具、食器類陶器玩具給小歌德。

一個晴朗的下午，歌德的祖母和父母都不在家，他的妹妹也正在睡覺，家裡的僕人都在忙著各自的事情，家中安靜極了。他帶著父母前幾天為他買的盤子鍋子的在格子間玩耍。

當他再玩不出什麼新意來的時候，他就把手裡一件陶器玩具隨手丟到窗戶外面的街上去。玩具破裂的清脆響聲讓歌德覺得有趣，他又抓起另外一隻小陶叉子丟下去。

歌德的幾個夥伴奧氏三兄弟聽到街上的響聲，都跑出來觀看。他們看著街上被小歌德破壞的陶器玩具，高興極了，為小歌德鼓起掌說：「再來一個！」

歌德毫不猶豫地又將另一個小陶鍋丟到街上。

在不斷的叫嚷聲中，一個個的陶器盤子、鍋、碗通通被摔了出去。為博得朋友們的歡心，歌德手上的玩具摔完了，又跑進廚房，把家裡剛買來沒幾天的陶瓷盤子拿出來，繼續剛才的「壯舉」。

一下子，街上就躺滿了各種形狀的陶瓷碎片。那些無辜的陶瓷片四分五裂地躺在地上，哭喪著臉似的看著歌德。孩子們的歡笑聲驚動了歌德家的僕人，歌德的這個遊戲才宣告結束。

這天晚上，由於歌德摔壞了很多碗，致使家人盛飯的碗都湊不齊，他的父親卡斯帕用嚴厲的眼睛看著兒子，詢問他：「你為什麼要把它們都丟到街上去呢？」

歌德說：「爸爸，你不知道，它們落下去的聲音多好聽呀？而且，大家也都很喜歡聽呢！」

卡斯帕嘟起嘴巴，深深地呼吸了一下，說：「那麼，我們今晚沒有吃飯的碗了，該怎麼辦呢？」

歌德看看爸爸，又看看桌子上剩下的碗，說不出話來。

卡斯帕先生接著說：「那這樣吧，既然你為了聽好聽的聲音而把碗丟了，看來你是不願意吃飯了，那麼，你今天就不要吃飯好了。」

這可把歌德嚇壞了，看著自己愛吃的東西，爸爸不准吃，怎麼辦呢？他知道祖母和媽媽是最疼愛自己的，就眼巴巴地望著她們。

看著可憐的歌德，塞爾霍恩太太對孫子說：「我的孩子，你想吃飯嗎？」

歌德用力地點點頭。

塞爾霍恩太太接著說：「那麼，你以後就不要再丟碗了，好嗎？要知道，那種聲音雖然很好聽，可是，碗摔壞了，我們大家就不能吃飯了呀！」

歌德眨眨眼睛，想了想說：「對不起，奶奶，因為我的好奇心，摔壞了那麼多的碗，讓大家沒有碗吃飯，真是太不應該了，以後我再也不摔碗啦！」

塞爾霍恩太太聽了小孫子的話，高興地說：「知錯就改就是奶奶的好孫子，既然你已經知道錯了，那就吃飯吧！」

歌德又轉過頭來看看爸爸，因為嚴厲的父親還沒有說話呢！卡斯帕先生瞄了兒子一眼，慢條斯理地說：「好吧！今天的事就不追究了，開飯！」

在奶奶的保護下，歌德順利地過了一關。

克服膽小的毛病

歌德幼年的大部分時間都是在他的祖母身邊度過的。

塞爾霍恩太太溫柔、和藹、親切，總愛穿著整潔的白色衣裳。她喜歡替孩子們製作各種的小玩具，當然也樂於給孩子們準備各種零食。

有一年的聖誕節前夜，塞爾霍恩太太別出心裁地讓人演了一臺木偶戲給歌德和妹妹科納莉婭，這臺戲的造型、動作給童年的歌德留下了強烈的印象，使他久久不能忘懷。

然而，在歌德 5 歲的時候，塞爾霍恩太太去世了。這場變故，改變了歌德的生活。塞爾霍恩太太在世的時候，歌德一直都是和奶奶一起睡覺的，自從失去了奶奶，歌德晚上總是睡不好。

歌德家裡的房子很大，而且樣式老舊，好些地方幽暗沉沉，加上小歌德家的僕人在白天又常常跟他講些魔鬼吃小孩之類的故事，小歌德非常害怕。

很長一段時間，歌德晚上都不敢獨自睡覺。當他一躺在床上，閉上眼睛時，他就感覺到，在他的四周到處都是長著長長的指甲和尖尖牙齒的魔鬼，它們要來吸自己的血，吃自己的肉。

歌德恐懼極了，他緊緊地捂住被子，把自己蓋得密不透風，可是又讓他透不過氣來，他只好在房間裡發出大聲的尖叫。

卡斯帕先生出現在了歌德的房間，他生氣地問兒子為什麼這樣晚了還不睡覺，還要在屋裡發出尖叫聲。

歌德委屈地解釋說：「可是，爸爸，剛剛我的房間裡有好多好多的魔鬼，它們是專門吃小孩子的！」

卡斯帕先生覺得兒子的想像力太豐富了，可他又不能笑出聲來，於是，他仍然嚴厲地說：「這個世界上哪裡有魔鬼，那都是欺騙小孩子們的騙人東西，你還是趕緊睡覺吧！不然的話，魔鬼不吃人，我可要打人了！」

「可是，可是……」歌德還想說什麼，爸爸已經轉身向門口走去。

卡斯帕先生走到門口，回頭看了一下歌德說：「行了！歌德，你可是我們家的男子漢，要知道你以後長大了是要當父親的。父親都是頂天立地的，如果你連那些騙人的東西都要相信的話，還怎麼當男子漢呢！」

說完，卡斯帕先生「嘭」的一聲關上了門，把小歌德獨自鎖在了房間裡。

歌德在害怕和擔心中度過了一晚，當天亮的時候，他立即跑到了媽媽的面前，向媽媽訴苦。歌德哭著說：「親愛的媽媽，我不願當什麼男子漢，我晚上可以和你一起睡嗎？」

媽媽奇怪地問：「哦！這是為什麼呢？我的孩子！」

歌德說：「媽媽，我的房間裡有好多專門吃小孩的魔鬼，他們天天晚上出來嚇我！爸爸說，男子漢是不可以害怕魔鬼的，可是，媽媽，我根本就不想當什麼男子漢！你一定要救救我！」

媽媽對兒子的回答感到又可憐又可笑，她笑著安慰小歌德說：「世界上的一切魔鬼，還有我們人，以及一切的小動物，都是上帝創造出來的，都是上帝的孩子。如果上帝發現誰做了壞事，就會派魔鬼來吃掉他，但是，我的歌德是個好孩子呀，他從來都沒有做壞事，上帝怎麼會讓魔鬼來吃你呢？」

歌德好奇地問：「可是，上帝在哪裡呢？」

媽媽回答說：「在天上，上帝在天上看著我們呢！他能夠看見我們每個人做的事，如果他發現誰做了壞事，他就會派魔鬼來懲罰他！」

歌德想：「一定是我弄髒了女僕們的衣服，被上帝發現了，所以他才派來魔鬼嚇我的！」

歌德決定以後再也不對僕人們惡作劇了。

這時正是桃子成熟的季節，媽媽從集市中買了很多桃子來給歌德和他的妹妹吃。歌德最喜歡吃桃子了，他希望每天都能吃到甜甜的桃子，媽媽對歌德說：「這樣吧，如果我們的歌德能在晚上自己乖乖地睡覺，那麼媽媽每天都給你一些桃子吃。」

聽了媽媽的提議，歌德非常開心。他想：「如果以後我不做壞事了，上帝就一定不會再派魔鬼來的！」

到了晚上，歌德獨自在自己的房間裡睡覺，他想著自己一整天都沒有做壞事，上帝一定不會派魔鬼來的，於是歌德這天晚上果真就沒有見到魔鬼。他想著第二天能得到媽媽承諾的桃子，便很快地睡著了。

這一夜，歌德睡得特別的香，他第二天果真得到了媽媽許諾的桃子。

卡斯帕先生遊歷過義大利，對於義大利語言和一切與義大利有關的東西都酷愛，他將重新整修的家中前廳掛上了一排羅馬銅版風景畫，畫面上有羅馬圓形劇場、聖彼得廣場、聖彼得教堂等義大利著名建築，使得原來顯得幽暗、陳舊的屋子完全變了樣。

當做完這一切以後，寡言少語的卡斯帕又向歌德介紹了很多關於這些建築來歷的故事。後來，歌德酷愛羅馬藝術，就是深受他父親的影響。

文學興趣的形成

歌德是家中唯一的男孩子，父母很疼愛他，在教育方面對他絕不鬆懈。

在歌德很小的時候，他的父親就經常拉著他到公園裡遊玩，或者到田野裡散步。每當這些時候，父親總要教他唱些通俗易懂的歌謠，在無形中向他灌輸一些有用的知識。

歌德的母親伊麗莎白則喜歡用講故事的方法，向歌德傳授各種知識。

伊麗莎白先講短小的故事，然後講一些長篇故事。她講故事的方式和一般人不同，她的「故事教學」不是只有灌輸，而是採用懸念的形式，每次講到一定階段，或是講到重要的轉折關頭時就停下來。

媽媽對他說：「你自己先想想後來會怎樣？明天媽媽再繼續講。」

第二天，媽媽先問歌德是如何猜想的，叫他先說說故事後來會怎樣。無論歌德怎樣說，媽媽都會高興地說些鼓勵的話，然後再繼續講未講完的故事。

父母出色的家庭教育，使歌德從小就對文學產生了朦朧的嚮往。

周圍的人很快就發現，歌德天分很高。他父親決定親自擔任兒子的家庭教師，希望自己未竟的事業兒子能夠接力完成。

卡斯帕先生先教小歌德一些基礎知識，讓他欣喜的是歌德領悟能力強，消化、吸收得都很快。卡斯帕先生又為兒子請來家庭老師讓小歌德開始學習書法和音樂。

歌德不喜歡文法，但在修辭學和作文方面都超過別人。他記憶力好，思維敏捷，善於推理。歌德在語言方面顯出了驚人的天賦，除了母語以外，他還學習拉丁語、義大利語、英語、希伯來文和希臘文。對歌德來說，英語不過是兒童語言，他僅用 4 週的時間就初步掌握了。

少年是求知欲最旺盛的時期。歌德不滿足於父親教自己的那些知識，他開始偷偷地跑到父親的書房裡去看書。

歌德的家裡有一個小巧精美的圖書室。有一次，他從書架上取下一本詩集，剛要讀，就被卡斯帕先生發現了。

卡斯帕先生對小歌德說：「這是『禁詩』，不許你讀。以後，我叫你讀什麼，你就讀什麼，一切都要按照規矩去做。」

一天上午，歌德趁爸爸不注意，偷偷溜進圖書室，拿起那本「禁詩」讀起來，他不但自己讀，而且叫他的妹妹也讀了。歌德扮演詩中的魔鬼，他的妹妹扮演別的角色。自從歌德克服了膽小的習慣以後，現在的他已經不再害怕書中的魔鬼了。

歌德和妹妹分別扮演詩中的人物又背又讀，非常專心。當時他們的父親正在樓下理髮。歌德背得很起勁，聲音由低變高，越來越大，他的妹妹也大呼大叫，走上前將扮演魔鬼的哥哥一把抓住。

他們扮演得很認真，聲音也很大，幾乎忘記了樓下的父親。當妹妹大呼一聲「抓住你這個害人的魔鬼」時，他們的聲音嚇得樓下的理髮師打翻了臉盆，將水全部扣到了卡斯帕先生的身上。

歌德帶妹妹偷讀「禁詩」的祕密被父親知道了，歌德免不了受到父親的一頓訓斥。儘管如此，歌德還是一有空就偷偷地去爸爸的書房看書。父親見兒子這麼喜歡讀書，後來就不管他了，只是告誡他，要注意判斷書本的內容。

寫給外祖父的詩

除了讀書外，歌德最喜歡去的一個地方就是外祖父特克斯托爾市長的家。

外祖父有一個精心收拾的小花園，這個小花園的園徑大部分用蔓生著葡萄的欄杆圍著，園地一部分種蔬菜，一部分種花卉，裡面一年四季鮮花不斷，色彩繽紛。

花園裡，還有歌德最喜歡吃的桃子。當桃樹結果的時候，歌德就偷偷跑進外祖父的小花園，望著滿樹青油油的桃子。

看到外孫饞嘴的樣子，特克斯托爾先生總是故意嚴厲地對歌德說：「你看，這些桃子還沒有熟呢，等它們變成紅色的時候才能吃！」

歌德就好奇地問：「為什麼一定要等到變成紅色的時候才能吃呢？」

特克斯托爾先生回答：「不為什麼，我的孩子，這些都是上帝決定的，就像你現在是小孩子，小孩子就可以不用上班，而只需要好好學習，以後，你才能成為一個有名望的人。而我今天之所以能夠成為市長，是與我在小時候的勤奮學習分不開的，明白嗎？」

歌德又說：「那麼，我會成為一個有名的人嗎？」

特克斯托爾先生回答：「是的，只要你現在努力學習，就一定會成為一個很有名的人，說不定會比外祖父更有名呢！」

寫給外祖父的詩

聽了外祖父的話，歌德暗下決心，將來一定要成為一個很有名的人。

在爸爸的藏書室裡，歌德偷偷閱讀了伊索、荷馬、維吉爾和奧維德等人的著作。這時的他，才發現世界上的每一個角落都發生著許許多多奇妙的事情，而這些有趣的故事被這些名人們寫出來，又是如此地吸引人。

在這些書中，歌德最喜歡的就是荷馬和其他詩人們寫的詩歌，還有一本《著名魔術大師、江湖術士約翰·浮士德博士的故事》的書，他也非常喜愛。

每次，當歌德在讀這些詩歌的時候，他都覺得自己總是被詩裡的情節所感染，他不禁暗下決心：「我也要寫出這麼動人的詩歌，成為世界上最偉大的詩人。」

一天傍晚，當夕陽向法蘭克福城投來最後的一瞥的時候，歌德興奮地在桌前舒展了一下手臂，然後不無驕傲地在他的拉丁文練習本上寫下了這樣一句話：

> 正式文科中最高年級的拉丁文練習是我自己主動抄下來並翻譯出來的。

寫好這句話，歌德滿意地端詳了一下，這才輕輕地合上本子走到窗前。

沉落的夕陽在天邊留下一片誘人的玫瑰紅，伸向法蘭克福城外的赫希斯特的平原在暮色的籠罩下顯得寧靜而溫馨。成功使小歌德感到振奮，他想起了自己要作詩人的願望。

那麼，他該首先寫一首什麼詩呢？歌德突然想起新年快要到了，他要送一首詩作為新年禮物送給外祖父和外祖母，他希望他的詩能像自己的拉丁文作業一樣很快就能完成。

燭光在跳動，純真的詩行在歌德的筆下流淌。當他寫完最後一個德文字母時，母親敲響了房門說：「哦，我的孩子，該睡覺了。」

歌德興奮地回答：「好的，媽媽，我馬上就睡。」

母親的腳步聲從樓梯上消失了，歌德又興致勃勃地修改了幾處感覺到不押韻的地方，這才滿意地上床休息。在夢中，歌德見到了自己長大了，成為著名詩人，他幾乎高興得笑出聲來。

新年很快就到來了，歌德和妹妹，以及自己的表兄弟們一起來到外祖父家玩，他們每人都準備了一份新年禮物送給特克斯托爾先生和林德海默夫人。

表哥送了一幅自己畫的畫給祖母。

表弟送了一個自己做的小木匣子給祖父。

妹妹科納莉婭拿出自己繡的手帕，把它送給外祖父和外祖母。

特克斯托爾先生和林德海默夫人高興地接過了孩子們的禮物。

輪到歌德獻禮物了，特克斯托爾先生微笑著說：「哦，我們的歌德準備送我們什麼禮物呢？」

歌德被外祖父問得很不好意思了，他有些不敢將自己的詩拿出來了，但他終於鼓起勇氣，將詩拿到外祖父和外祖母的面前念了起來。

寫給外祖父的詩

這首詩共分兩段，每段 12 行，第一段獻給崇敬的外祖父的，第二段獻給外祖母的。內容是祝願二老新年幸福、健康永駐、萬事如意、上帝保佑之類，詩的結尾兩句是：

如今你們接受的這些都是處女作，這支筆今後將更加嫻熟。

歌德唸完了自己的詩，等待著大人們的評價。

特克斯托爾先生走到外孫子的面前，接過歌德手中的紙，高興地說：「哦，我的孩子，你寫得真是太好了！這是我們收到的最好的新年禮物。」

外祖母也走過來，抱著歌德，在他的額頭親吻了一下，說：「哦，我們家的歌德原來是個小詩人呢！」

外祖父接著說：「孩子，只要你繼續努力，你一定會成為全世界最著名的詩人。」

歌德對風度儒雅，總是從容不迫的外祖父很尊敬。據說老人具有預言的本領，他曾成功地預言了自己能當上陪審官以及市長。所以，外祖父在歌德眼中始終有層神祕的色彩，聽見外祖父說自己能夠成為全世界著名詩人，他開心極了。

不過，還有讓歌德更高興的事呢，那就是，當他的爸爸看到了年僅 8 歲的小歌德能作詩獻給外祖父和外祖母后，過完新年，就把兒子帶到藏書室，對他說：「好的，我的孩子，從今天開始，這個藏書室就屬於你了，我把它當作新年禮物全部送給你！」

突如其來的喜訊讓歌德喜出望外，他不相信地看著父親，說：「真的嗎？爸爸，你不擔心我再讀你的『禁詩』了嗎？我真的可以隨便讀這裡的任何一本書嗎？」

卡斯帕先生笑著回答：「是的，孩子，從前我一直覺得你還太小，不適合讀這些書，但從你獻詩給你外祖父時起，我改變主意了，或許，多讀這些書，會讓你的詩寫得更好。」

歌德高興極了，他跑過去抱著爸爸的腰，親吻他的手，說：「謝謝爸爸！」

從這以後，當家裡人發現歌德不見了時，總是能在藏書室找到他。

嘗試寫法語劇本

像所有的德國孩子一樣，歌德洗禮後便成了一名基督教徒。自從媽媽講了關於上帝的故事以後，他對上帝便深信不疑。他的父母自幼要求他閱讀《聖經》，聽教堂裡的布道，恪守所聽到的一切教條教規。但歌德同時又是一個喜歡思考的孩子，他希望能夠看到真正上帝的出現，並想要和上帝面對面地談話。

隨著歌德逐漸長大，一些事情使他對上帝產生了一些疑問。

首先是 1755 年 11 月，葡萄牙里斯本發生大地震，一個商業發達的美麗的海港大都會，頃刻間灰飛煙滅，淪為廢墟，60,000 居民葬身火海。

當這個噩耗傳到法蘭克福時，人們驚慌不已，所有的人都以為是世界末日即將來臨。歌德恬靜而幼稚的心靈第一次被深深地震撼了，他好奇地詢問自己的母親：「媽媽，上帝不是最仁慈、最善良的嗎？難道他們都是做了壞事，才得到上帝的懲罰嗎？」

對於歌德的提問，卡斯帕夫婦不知道如何回答。得不到答案的歌德，在聽教堂布道的時候，在心裡悄悄問上帝：「上帝啊，你是世界上最仁慈的，但是您為什麼要讓那麼多無辜的人送命呢？」

上帝沒有回答他，小歌德困惑極了。

就在歌德對上帝感到疑惑不解的時候，另一樁事件也在他的心中激起了波瀾。那是 1756 年 8 月 28 日，普魯士和奧地利之間爆發了戰爭，隨後，法國軍隊占領了法蘭克福。

法蘭克福是一個商業和交通的中心，和當時的羅馬、巴黎、倫敦一樣重要，正是這些原因，戰火才燒到了這裡。

在歌德的家中，外祖父特克斯托爾因為曾經接受過奧地利皇后頒賜的勛章，所以很自然地傾向於奧地利，而他的父親卡斯帕則崇拜普魯士國王，並非常同情普魯士的遭遇。

隨著戰事的進展，儘管卡斯帕先生並不喜歡與奧地利結盟的法國人，但卻不得不眼睜睜地看著自己裝修的新房子住進了一群法國人。

為首的軍政長官是皇家少尉多倫伯爵，他外貌嚴厲，舉止凝重，很有風度，具體負責民事和軍民之間的糾紛。前來找他辦事的人很多，他又愛在住處宴請名流顯要，所以從他到來後，歌德的家中就一直人流不息，日夜難以安寧。

雖然，歌德的父親卡斯帕先生會說一口流利的法語，但他不願和這些入侵者搭腔，更對家中的嘈雜局面感到厭煩。

不過，這新鮮的生活卻讓歌德好奇，他常常躲在伯爵的住處偷看伯爵的行動，當他發現多倫伯爵不肯把自己的地圖釘到牆上，而直接攤開在桌子上看的時候，歌德不禁悄悄跑到伯爵身邊，向伯爵詢問：「伯爵先生，您為什麼不把地圖釘到牆上呢？這樣看起來不是更方便嗎？」

多倫伯爵回答說：「可是，孩子，如果把它們釘在牆上，會破壞掉你家美麗的新牆壁的。」

聽了伯爵的話，歌德變得由衷地喜歡他，而多倫伯爵也喜歡上了這個可愛的孩子。

多倫伯爵很有藝術修養，尤其鍾情繪畫，歌德家的畫室引起他的濃厚興趣，入住第一天他就進去觀賞。不過，他的這種愛好並沒有得到一樣愛好畫畫的主人卡斯帕的好感。

參觀完了歌德家的畫室以後，多倫伯爵把法蘭克福全城有名的畫家請來作畫，將歌德住的閣樓用作畫室。

在布置優雅、光線充足的閣樓上，歌德目睹了荷蘭畫派的希爾特、蘇茲等人的繪畫情形。

當時，歌德因能當場說出宗教題材繪畫中的寓意，受到這些成名畫家的稱讚。也正是因為如此，使得歌德從小就認識了很多有名的畫家，並經常與他們來往。

法國軍隊的占領也給法蘭克福帶來了法國戲劇，作為市長的特克斯托爾先生常常可以得到免費的戲票，疼愛外孫的他總是讓人把門票送給歌德去觀看。

卡斯帕先生是不同意兒子接觸到法國文化的，但聰明的歌德總能找到各種理由，溜出家去看戲。

由於歌德不懂法文，在他欣賞法國戲劇的時候，很多臺詞他都不懂，他便根據演員的動作和表情來分析劇情，揣摩情節，常常看得如痴如醉。

在劇院看戲的日子裡，歌德看過喜劇和悲劇，其中令他印象最深的是勒美爾的悲劇《記性不太好的人》、盧梭的小歌劇《鄉村的僕者》。此外，他還看過狄德羅的《家長》和帕利蘇特的喜劇《哲學家》，並因此輕而易舉地學會了從未學過的法語。

隨著對戲劇的著迷，歌德越來越想弄清楚演戲的內幕。一天，他結識了一個名叫德洛奈斯的小演員，歌德用結結巴巴的法語請求德洛奈斯把自己帶到後臺去。

這要求很快就獲得了同意。歌德和德洛奈斯來到後臺，進到演員們的化妝室。這時，他才發現，原來舞臺上那麼美麗的女子，原來是一個年輕人扮演的。歌德感慨地想：「原來演員都是我們普通人扮演的呀！」

從小演員的口中，歌德逐漸洞悉了戲劇效果的製造方法，並知道了真正偉大的不是這些演戲的演員，而是能夠寫出劇本的人。

這個發現讓歌德太震驚了，年方 11 歲的歌德也想成為能夠寫出劇本的人，他甚至想像著自己的劇作海報，黏貼在街道和廣場的四周。

有了這個想法，歌德就立即行動了，他把自己關在房間裡，拼拼湊湊地寫了一個法語劇本。

當歌德將由他獨立完成的劇本交給他的父親時，卡斯帕先生嚇了一跳。本來由於看戲回家太晚，準備責罵歌德的卡斯帕先生，現在見到兒子居然用很不成熟的法語寫出一個劇本時，心中異常驚訝，他為執迷於法語劇的兒子在法語上取得的進步感到欣慰，從此，他再也不責備歌德看戲了。

有了父親的支持以後，歌德不僅看法國劇，還讀拉辛的劇本，鑽研法國的戲劇理論，如高乃依的《論三一律》之類的書，甚至還與其他的孩子合演拉辛的劇作《不列塔尼庫斯》，他扮演劇中的尼祿王，他妹妹扮演阿格里皮娜。

少年時代的歌德就在這樣的氛圍中開始了他向文學藝術高峰的攀登。

多種素養的培養

1761 年 6 月，法國軍隊終於退出了法蘭克福，沒有了外人的騷擾，歌德也恢復了正常的學習。卡斯帕先生重新開始督導子女的學習和生活。除了語言文字外，他又為孩子們增加了數學、音樂和繪畫課程，並親自請來了教師為歌德兄妹講解、指導。

這些課程都是作為一個貴族家庭的孩子必須學習的，儘管卡斯帕先生自己不是貴族，但他卻希望自己的孩子們能夠像貴族一樣生活。

卡斯帕先生對子女的學習要求有所側重，認為女孩子應該多懂些音樂，如果在晚會上，自己的女兒能為大家彈奏幾首優美的鋼琴曲，那會是很優雅的事。

為此，歌德的妹妹科納莉婭每天必須花更多一些的時間守著父母為他們新買的一架大鋼琴。

至於歌德，卡斯帕先生覺得他必須要學會繪畫。據說，十五六世紀的神聖羅馬帝國皇帝馬克西米利安一世曾經頒布過一道命令：每個人必須學會繪畫。卡斯帕先生很贊同這位大皇帝的主張，所以，他對兒子學習繪畫非常注重。

歌德學習語言很有天賦，在短短幾年裡，他學會了多種外國語言。為了提高學習的興趣和能力，他還虛構了一篇故事，講述一家六七個兄弟姐妹的故事。他們散處在世界各地，彼此通信，使用的都是當地或適合本人職業的語言。

大哥用漂亮的法文彙報旅行中的各種見聞和故事；妹妹用閨閣體答覆她的兄弟；一個兄弟研究神學，用拉丁文寫信還附有希臘文的附言；一個兄弟在漢堡做店員，用英文寫信；一個兄弟在馬賽，自然用法文；用義大利文的是一個初出茅廬的音樂家；最小的弟弟活潑可愛，但他卻使用的是猶太人講的德語。於是，一封封用英語、德語、法語、義大利語、拉丁語、希臘語和猶太人德語寫的信構成了一篇妙趣橫生的小說。

為了使小說逼真，歌德又認真學習了人物居留地方的地理、風俗和人情世態。這樣，他很快知道了自己在學識和創作技巧上缺乏什麼，進而有選擇地去進行學習。

為了寫好猶太人的德語，歌德認為必須學會迦南地的通用語言希伯來文。因為，現代的德國猶太人所用的特異的語言，本是古希伯來語的訛誤與歪曲。

歌德向父親講述希伯來文對自己的重要性，並希望父親能夠幫他找到一個懂這種語言的老師。在本市中學校長阿布勒喜特的幫助下，歌德終於攻克了希伯來文，並轉入對《聖經》、對神話學、對遊牧民族的歷史及原始生活的深入研究，由此增長了很多歷史和宗教知識。

歌德在如飢似渴地鑽研古代神話、歷史和宗教的同時，還開始學習騎術和擊劍。

他先是從師一位法國教師學習劍術。這位教師以進退靈活的步法和輕捷快速的刺擊取勝，刺擊時常伴隨著幾聲吆喝。而法蘭克福城內的另有一名德國教練，教學方法則迥然不同。

歌德和這位德國教練的弟子都覺得自己的師父更厲害一點，便要求這兩個武師比武，結果，歌德的法國老師大敗。於是，歌德和另外幾個同伴便改拜德國教練為師。

由於歌德和同伴們對先前的刺擊方式已經習慣，所以他們的劍術常常不能使新師父滿意，經過了很長的一段時間，歌德才將先前的擊劍習慣改變。

在歌德的學習中，他的家人唯一遺憾的是他對音樂方面沒有什麼天賦，但他的父母並不放棄。為了提高音樂鑑賞力，卡斯帕先生常常要求歌德去聽音樂會。

在他 14 歲的時候，他聽說有一個 7 歲的音樂神童莫札特要在美茵河畔法蘭克福演出，這讓歌德驚訝極了，他立即買了票前去觀看。

莫札特小小的個頭，小小的手，小小的腦袋，穿著小小的黑色禮服，那麼專注地彈著那架黑色的大鋼琴，在他的雙手翻飛之間，一連串美妙的旋律從鋼琴裡飄出。

歌德仔細地聽著，完全陶醉在樂曲裡。他對莫札特真是佩服極了，演出結束後，歌德跑到莫札特面前祝賀，並對他說：「你演奏的真是太精彩了，但我總學不好。」

莫札特天真地為歌德建議：「為什麼？你再試試看，你再試試看，如果不行，那你就去作曲吧！」

歌德根本就不會作曲呀，他為難地說：「作曲應該更難吧，但我會寫詩……」

莫札特不會寫詩，他說：「那挺有趣，寫詩大概比作曲還難吧？」

歌德高興地說：「不難，容易極了。你也可以試試……」

聽完音樂會以後，歌德決定接受莫札特的建議，回家主動坐在那架大鋼琴前，再次試試看。可是，同樣的曲子，莫札特彈起來，就是那麼美妙，而歌德彈起來，就怎麼也不好聽。

歌德自我安慰地說：「看來，我真的不是彈鋼琴的料。不過，我還是可以做許多別的事情的。」到後來，儘管他沒有學會彈鋼琴，但學會了彈一種老式的鋼琴大鍵琴和拉大提琴。

卡斯帕先生對歌德一點也不嬌慣。在學習上，他要求嚴格，在生活上，他常常讓年幼的歌德辦些力所能及的事情。

少年歌德幫父親做得最多的事情是到畫家那裡去催促訂下的畫。

卡斯帕先生認為繪在木板上的畫要比繪在布上的畫好得多，因此他喜歡收藏各種優美的槲木板畫。他不惜錢財收集年代久遠的陳舊木板，並叫細木工匠仔細地把它們膠接、刨光，然後把它們放在樓上一個屋子裡，一直晾乾定形。

等到木材不會變形後，卡斯帕先生才會將其交給一位工藝畫家，讓畫家在槲木板上畫上一些美麗的花。

歌德的任務就是幫忙畫家採花，他非常願意做這件事，每次都能準時將花兒採集回來，把它們插到花瓶裡。

有一次，歌德偶然捉到一隻小老鼠，就把它拿到畫家那裡去。畫家把小老鼠當作是一個可供觀賞的小動物，高興地用它來寫生。

但這隻小老鼠是一隻喜歡運動的動物，它不停地跑來跑去，讓畫家很難畫好它的形象。為了讓老鼠老老實實地待在那裡讓畫家臨摹，歌德便想了一個好的辦法。他找來幾根麥穗，放在插著花卉的花瓶下面，讓小老鼠盡情地去吃。這樣，畫家就畫出了一隻小老鼠偷食麥穗的栩栩如生的圖畫。

畫家的這幅畫受到了卡斯帕先生的高度讚賞。以後，愛思考的歌德又分別找了些蝴蝶、甲蟲等小昆蟲來讓畫家寫生。就這樣，一件枯燥的差事，被歌德做得興趣盎然。

畫家諾特·拿格爾創立的製造蠟布的工場，也是少年歌德喜愛去的地方。諾特是一個熟練的藝術家，但是比起美術來，他更喜歡經營工場。

在一個很大的院子和園子內，諾特·拿格爾製作各式各樣的蠟布。他製作的有以刮鏟著色的用於遮蓋貨車和類似用途的蠟布，有印花的壁衣，還有較精緻和最精緻的蠟布。

在後一種蠟布上，是由熟練的工匠以毛筆畫上中國式寫意的花卉、人物或風景，成品非常美觀。蠟布上無窮無盡的花樣，引起了歌德極大的興趣。

這些外表粗獷的工人，能夠讓一塊平凡的蠟布變成一件妙趣橫生的藝術品，這讓歌德覺得十分驚訝。他很快和工人們熟悉起來，並學著親自動手製造蠟布。

少年時代的歌德，除了受到家庭的種種影響外，由於其獨特的家庭背景，他還接觸了許多法蘭克福的上層人物，受到了他們潛移默化的影響。

法蘭克福市的陪審官馮·奧倫斯拉格先生，是一個英俊、樂觀、熱情的人，他特別喜歡歌德，常向歌德介紹自己的愛好和興趣。他給歌德講各種的戲劇和劇情，歌德從他那裡知道了很多劇作家和劇作的名字。

奧倫斯拉格先生建議歌德在少年時代學習演戲，這樣能給自己留下很多美好的回憶。但他同時認為，不能把演戲當作是自己的終身職業，他希望歌德長大後能夠成為宮廷中的大臣，這樣他就能穿高貴的衣服，並擁有很多的權力。

舊貴族出身的馮·萊納克，是個能幹而固執的人，他常在家中宴請老朋友，而且每次都邀請歌德參加。他愛和歌德聊天，喜歡對歌德詳細描述世界各地和德國的風土人情，並建議歌德長大了去做一名優秀的外交官。

皇室顧問官許士根先生相貌醜陋，但其穿戴卻異常整潔。他是個優秀的法學家，能夠熟練地在法蘭克福和帝國法庭執行律師的業務。歌德因和他的兒子一起學寫字，所以常去他家。

許士根也愛和歌德閒談，他信奉巫術，愛看神祕哲學著作，並向歌德力薦，他對歌德說：「我發現連上帝也不是完美的呢？」歌德對他的說法立即表示贊同，並說：「是的，我也發現了，他總是讓一些無辜的人無故地死去。」

許士根感覺自己找到了知音，因為當時還沒有人敢這樣對上帝不敬呢！透過長期交往，他建議歌德長大了和自己一樣也做個法學家，他對歌德說：「法律既可以使你自己和家人免受歹徒的加害，又可以幫助弱小的人，以及懲罰惡人，這是多好的職業啊！」

許士根非常關心歌德的前途，他甚至將這些建議告訴了卡斯帕先生。卡斯帕先生同意許士根的意見，但有自己理想的歌德對每個人的建議都付之一笑，他認為，自己難以放棄當詩人和當劇作家的夢想。

儘管如此，對這些關心自己的人，歌德一直都心存感激，他在自己的自傳性著作《詩與真》中記載：

> 與這些人進行種種的談話不是沒有意義的，每一個人對我都各有其特殊的影響，每個人對我都像對他自己的孩子那樣關心，甚至還深切一點。他們都想把我當作他們愛子去培養，並因我而增加他們的快樂。
>
> 他們建議我做各種可以謀生的工作，但對我最有吸引力的，還是能夠戴上詩人的桂冠。

進入萊比錫大學

隨著歌德一天天地長大，卡斯帕先生從兒子超人的天資和早熟的智慧中看到了天才的靈光，他迫不及待地期望兒子能夠早點進入到大學裡去學習，當歌德年滿 16 歲的時候，他正式向兒子提出了這個建議。

這天，卡斯帕先生把兒子叫到面前說：「歌德，我的孩子，祝賀你今天年滿 16 歲了，這就意味著你已是一個成年人，而不再是一個小孩子了。從現在起，你要學會去做一個男人應該做的事，當然，你應該首先學會獨立，這是你成為一個大男人必須要走的第一步。」

歌德高興地回答：「謝謝爸爸，我一定會努力的！」

卡斯帕先生接著說：「我聽說最近你跟許士根先生走得很近，他告訴我，你似乎對法律很有興趣，我準備讓你去我的母校萊比錫大學專修法律，怎麼樣？」

「可是，爸爸，」歌德為自己辯解著，「我覺得自己更喜歡詩歌和文學，如果能夠讓我去哥廷根大學學習古典文學和歷史，這才是我所希望的。」

卡斯帕先生不同意歌德的要求，他堅決地搖搖頭，說：「詩歌和文學可以當作你的業餘愛好，它們可以使你變得高雅，但它們卻不能作為你的職業，如果你把法律學好，那麼將來你一定能夠成為一個優秀的法學家，這是我和你的母親，以及你的外祖父和外祖母都希望看到的。」

進入萊比錫大學

歌德不敢違抗爸爸的意思，聽到父親這麼說，他只好默認同意了，他在心裡想：至少到外地上學，他可以過上獨立的生活，這也是一件有意思的事呢！

1765 年 9 月 29 日，是基督教紀念米迦勒天使的節日，這一天，歌德滿懷新的憧憬，和書商弗萊舍爾一起前往萊比錫城。

萊比錫和法蘭克福一樣，是一座莊嚴美麗的城市。比起法蘭克福來，它顯得更繁榮和富足，充滿時代的氣息，有著「小巴黎」之稱。

歌德呼吸著萊比錫城的空氣，覺得特別清新，就連天空中小鳥的叫聲，也顯得特別清脆。他覺得自己就像飛出牢籠的小鳥，是那麼的自由、快樂。

擺脫故鄉和父親的束縛，使歌德感覺到異常的輕鬆和自由，今後，他不僅在生活上，還要在精神上追求個性化的發展。雖然他沒有如願地去哥廷根大學學習古典文學，但他對新生活仍然充滿憧憬。他在到達萊比錫半個月後，情不自禁地寫下一首小詩自娛，詩的內容如下：

像是一隻小鳥，
在美麗的樹林裡，
在枝杈上，
逍遙地搖曳，
安逸地享受著濃郁的樂趣，
鼓起自己的雙翼，
在樹叢中啁啾著跳來跳去。

然而，歌德愉快的生活很快就投上了陰影，讓他不快樂的事情接連發生。首先是他的穿著遭到了同學們的嘲笑。他穿是的舊式的衣服，這些衣服是父親為了省錢，請裁縫在自己家裡做的，它們樣式古老，沒有現代美，顯得非常土。於是，歌德上街買了一大堆新式衣服，通通換上時裝，讓他的同學們吃了一驚。

其次是他說的南德方言令他難堪。由於《聖經》的翻譯者馬丁·路德說的是邁森方言，所以，當時德語以邁森方言作為基礎，於是歌德不得不「長期忍受這樣的管教」，矯正發音和文句。

儘管如此，3 個星期以後的一天晚上，歌德依然帶著新入學的興奮心情給家裡寫信，信的內容如下：

> 今天我開始上課，我選了很多的法律學課程，如法學提要、法學史、優帝法典以及法典前 7 章和後 7 章的專題研究課等，下星期還要增加哲學和數學。
>
> 其中，政治史由伯麥教授講授，歐內斯蒂講授西塞羅的關於演說家的對話，不過，我覺得他們講得並不好。
>
> 我在這裡頗出風頭，但目前還沒有達到招搖的程度，我也不想這樣。我要想點辦法才能自如地應對這種繁忙的生活。
>
> 這陣子聚會、音樂會、喜劇、請客、晚宴、乘車旅行等活動真不少。哈，真有意思。好是好，但也真費錢，不過，我會把一切都處理好的。

尋找新的進修方法

在別人眼裡，歌德似乎是個紈絝子弟。他身著奇裝異服，神態傲慢冷漠，時常出沒於當地上流社會的沙龍，似乎對一切都感興趣，又似乎對一切都不滿意。

人們並不知道，在歌德這一副冷面鎧甲的背後隱含著他對知識和高尚人格的孜孜探求。

事實上，透過一段時間的校園生活，歌德已經感到，改變自己的裝束和語調進入萊比錫的上流社會，並不能使他獲得期待已久的學問和智慧方面的進步。歌德覺得，大學裡的課程大多是老生常談，就拿他並不喜歡的法律學來說，教授所講授的正是他從父親那裡早已經學到的。

有了這些想法以後，歌德最初進入大學的新鮮感逐漸消失了，他開始重新尋找新的學習和進修方法，並廣泛地接觸萊比錫的科學和藝術界人士。

歌德首先拜訪的是爸爸的朋友曾經為他推薦的宮中顧問官博麥教授，他想：「也許，這位講授歷史和憲法的教授可以根據他的閱歷，給我一些正確的指點呢！」

歌德被自己的想法鼓舞著，他從箱子裡找出爸爸的朋友為他寫的一封介紹信，再親自挑選了一件自己認為最合身的服裝穿上，向教授家走去。

歌德彬彬有禮地敲開了博麥先生的房門。博麥先生和他那位溫柔和藹的夫人接待了他。

在與教授的交談中，歌德表露了自己不願意學習法律而有意學習文學的意圖，不曾想這位教授先生對一切帶有文學氣味的東西都表示厭惡。博麥反對語言學和美術，給了歌德當頭棒喝。

博麥夫人受過良好的教育，歌德希望自己對文學的追求能夠得到她的理解和支持。但令歌德失望的是，當他將自己作的詩隱瞞了名字向博麥夫人背誦時，同樣沒有得到博麥夫人的支持。

博麥夫人堅絕不允許歌德寫那些模仿的膚淺的詩，這個建議，差一點毀掉歌德的詩歌前程。幸好，歌德的自信戰勝了別人的意見，博麥夫人的阻攔不久就被他棄之一旁了。

歌德還去拜訪了當時的著名作家兼哲學和文學教授格勒特，他的是當時文學的典範。但他只喜歡散文，認為詩歌是一種不自然的額外負擔。他的講課非常受學生歡迎，他以一種微啞而沉鬱的聲調傳達他的優美的靈魂、純潔的意志以及對於公眾幸福的關心，很能打動人。

當時，歌德的文學作品總是照著自己的套路，拿一個小傳奇當引子，以書信體的形式寫出來。格勒特對他的這種寫法並不喜歡，但他對歌德的這些文稿卻批改得非常認真，在很多地方都添上了一些涉及道德的評語。

歌德把這批作業保留了許久，直至後來，格勒特總是遭人非議，歌德便不去拜訪他了。

1766 年 4 月，歌德與從法蘭克福到萊比錫的朋友、後來成為他妹夫的施羅塞爾一起拜訪了德國偉大的詩人、戲劇家戈特舍德教授，歌德在他的《詩與真》中記述了當時的會面情景。歌德寫道：

我們叫僕人替我們通報，僕人領我們到一間屋子內，他說，主人馬上就來。我們是否看明白他所做的手勢，我說不清；不管怎樣，我們相信他是指一間隔壁的屋子，讓我們進去。

我們進去之後，便看見了奇特的一幕：因為一轉眼，戈特舍德已從對面的門走了進來，他是一個高大、肥胖、魁梧的人，披著一件綠緞面紅綢裡子的睡衣；但是他的大腦袋卻光禿禿的，沒有戴什麼東西。不過他的頭需要覆蓋著，因為僕人手上已經托著一副長而捲曲的假髮，從側門連跳帶跑著進來。

假髮一直垂至肩膀，僕人以恐懼的姿勢把假髮遞給他的主人。戈特舍德沒有露出一點不快，但當他用左手從僕人的手上拿起假髮，很熟練地披到頭上後，便用右掌賞給這個可憐的人一記耳光，以致這個僕人像在喜劇中所常見的那樣從門口滾了出去。跟著，這個有名望的老翁很嚴肅地堅持請我們坐下，很客氣地跟我們開始交談。

歌德之所以這樣形容當時德國最偉大的詩人，是因為他對這樣一位偉大人物的失望，他有些擔心當自己也成為一個詩人之後，會不會變得如同戈特舍德教授一樣。

歌德拜訪完了戈特舍德教授以後，有很長一段時間，他幾乎對文學失去信心，他困惑地發出這樣的嘆息：「真沒想到文學的最高境界是這樣的，那麼，真正的優秀的文學作品的標準是什麼呢？萊比錫啊，萊比錫，你究竟能給予我什麼呢？」

想到周圍所有的人都反對自己的愛好和傾向，歌德的心情真是糟糕透了，他決定不再寫作了，他將自己所有從前寫的詩都找出來，丟到壁爐裡燒了。燃燒的紙散發出滾滾濃煙，嗆得歌德流出了很多的眼淚，善良的房東太太發現了他正在做的，為歌德端出了一些食物。

歌德從房東太太那裡感受到了類似母愛的東西，讓他有些想家。

醉心於詩歌的創作

歌德在創作上陷入了困境，他感覺自己的生活突然變得灰暗起來，就在他苦悶徬徨的時候，出現了一個為他指點迷津的人。

這個人就是宮廷教師恩斯特·沃夫岡·伯里施。

伯里施是在 1760 年到萊比錫的，他經格勒特介紹充當林登瑙伯爵公子的私人教師。透過格勒特的介紹，歌德認識了這個世界上最奇特、最怪僻的人。

歌德第一次見到伯里施的時候，這樣形容他：「他的外表夠特別的了。瘦高個子，健美的體型，過了 30 歲，鼻子很大，面部線條分明，從早到晚戴著一團假髮。他穿著整潔，身佩短劍，腋下夾著帽子。」

歌德對這位伯里施先生的外表感到實在好笑，但當他與伯里施談話後發現，伯里施不僅學識淵博，而且精通現代語言和多種文字，這些才華讓歌德由衷地佩服。歌德很快就和伯里施熟悉起來。

這個大歌德 10 歲的怪人雖然經常對當代一些作家的作品進行嘲諷，可是，他對於歌德卻很親切和寬容。

當歌德把自己決定放棄文學的想法告訴伯里施以後，伯里施用溫和的語調鼓勵他：「或者你並不像自己想像的那麼糟，我覺得，並不是你缺乏寫作的才能，而是你缺少一個發現你的人，這樣吧，把你的詩作都拿到我這裡，讓我看一看。」

歌德對伯里施的鑑賞力非常信服。可是，接二連三的打擊使他對自己的作品懷疑起來。所以，當他把自己的詩稿交給伯里施的時候，他幾乎用哀求的口氣說：「答應我先生，這些稿子只能您一個人看，並且，不要把這件事告訴任何人。」

伯里施向歌德鄭重地保證之後，歌德這才放下心來。

伯里施對歌德的作品很是寬容，儘管他對歌德用當時流行的阿那克里翁風格所寫的詩作沒幾首看得上眼，可他卻從這些模仿的詩歌中看出了歌德的潛在才華。

伯里施遵守諾言，沒有把這些詩歌拿給任何人看，他用自己漂亮的字體為歌德抄寫起詩集來。

幾天以後，伯里施交給歌德一本《安娜詩集》。歌德驚訝地發現，這是一本最優美的詩集。詩題用古代德國字體，詩正文用一種垂直的薩克森字體，在每首詩的末尾，都繪有一幅與本詩內容切合的裝飾畫，這些畫或是挑選來的，或是自己創作的，所需的木刻和鑄版的陰影線，他都能夠纖巧地描繪出來。

雖然沒有一句評語，可當歌德看到自己的詩作被抄寫得如此精美時，他還是很激動，因為，這足以看出伯里施對自己詩歌的重視。這就是最好的鼓勵和讚美，這些鼓勵重新激起了歌德寫詩的熱情，他覺得自己再也放不下詩歌了。

伯里施當然知道歌德詩歌的缺點，可當他看到歌德那雙熱切而又敏感的眼睛時，他沒有說出對詩歌的看法，他在心裡說：「此時的歌德最需要的是找回自信，而不是批評。」

歌德又開始寫作詩歌了，伯里施選擇恰當的時機告訴歌德：

「詩歌這種東西不是信手塗抹的，時間、才華和功夫都是不能缺少的。好的詩歌能經得住推敲，即使時代變了，它也依然能夠喚起讀者的熱情。」

歌德認真分析了伯里施對自己的談話，他終於發現，用流行的阿那克里翁式或者用說教式的手法寫作詩歌，是不能寫出好作品的。由此，他的詩歌開始向抒情詩的方向發展。

對於歌德詩歌上的變化，伯里施恰到好處地在一旁稱讚，他評價歌德的一首詩時說：「看呀，這一首是多麼的率真呀，比你以前的詩都要好呢！」

歌德聽了，快樂得像林子裡自由飛翔的小鳥，而他的詩作，也像夜鶯的歌唱，變得越來越清新，越來越優美。從此以後，他和伯里施之間，建立了牢固的友誼，他們長時間地沉浸在寫詩與抄詩的樂趣之中。

遺憾的是，歌德和伯里施的這種友誼很快就因一場變故而結束，它使歌德的生活又一次陷入了低谷。

這場變故的起因是萊比錫的著名作家克羅狄阿斯教授創作的一部迎合市民口味的誇張的劇作《梅頓》。這部劇作一經上演，立即就受到了廣大市民的追捧喝彩。

歌德和伯里施也去看了這部戲劇，他們看完後覺得主角的一本正經和善良之舉很可笑，而克羅狄阿斯自己的創作實踐與批評主張之間的不契合也令人惱火，於是歌德和伯里施等人一起發表了模仿克羅狄阿斯的打油詩〈致麵包師漢德爾〉表示反對。

這下可激怒了著名的克羅狄阿斯教授，同時也激怒了和他一樣自大的保守作家，他們尋找根源，認為是歌德的老師伯里施對學生的慫恿。

作家們給伯里施的雇主伯爵施加壓力，伯爵解僱了伯里施。經過了這場意外的變故，伯里施只好離開萊比錫。幸好，伯里施的學識和才能還能得到另一些社會名流的敬重，經過另一些人的推薦，他又被時稱「王侯中的鳳凰」的德紹公爵聘為家庭教師，受到一個更加優越的宮廷家庭的青睞。

但歌德卻失去了一個可以指導、幫助自己的良師益友，他覺得那些保守作家的做法對伯里施很不公正，出於義憤，歌德連夜寫了一首頌詩獻給伯里施。詩的內容如下：

你甘願離開，
這可憎的國土，
即使我的友誼和花環也不能把你留住。
撕碎那花環吧！我不會責怪。
沒有任何高尚的朋友，
能夠阻止，
一位難友的逃走。
在監獄裡，
他這樣想：
朋友的自由，
和他的一樣。
你走了，我留下，
但這幾年的輪輻，
繞著冒煙的軸，

轉動得多麼迅速。

我數著轟鳴的輪子，

聲聲衝擊的次數，

門閂遲早會被砸落，

那時我和你一樣擺脫束縛。

培養對藝術的愛好

伯里施的驟然離去使歌德的生活再次陷入混亂，他絕望地望著自己的詩稿，傷心地流下淚來：「哦，伯里施，伯里施，你讓我該怎麼辦，以後誰來幫助我呢？」

歌德把自己關在屋裡，因為思念伯里施而新作了很多詩，但是，那有什麼用呢？他的朋友們來找他，歌德把自己新寫的作品拿給朋友們看，朋友們都不懂詩歌，他們無奈地向歌德聳聳肩，對他說：「歌德，我覺得你應該到外面去走走，你看，外面的景色多麼美好啊，為什麼你一定要坐在這裡寫一些沒有用處的東西呢？」

朋友們的話太傷歌德的心了，他生氣地對朋友們說：「難道你們看不明白嗎？這些都是我的心血啊！」

歌德丟下朋友們，獨自跑到普雷塞河河邊，什麼也不願意做。

使歌德再次振作起來的是萊比錫畫院院長奧塞爾，歌德第一次見到他即被深深吸引。

歌德是在想放棄詩歌寫作的時候遇上奧塞爾的，歌德想，既然大家都覺得寫詩不好，那麼或者我可以改行學習繪畫呢？就這樣，歌德找到了大學裡最著名的繪畫學院院長奧塞爾。

這天早晨，歌德是奧塞爾教授課堂上最早到達的學生，這節課教授講的是造型藝術。

培養對藝術的愛好

奧塞爾教授溫文爾雅，長著一副優雅的、女性般的臉龐，他講的課就像涓涓的溪流，沁入了歌德的心田。

奧塞爾觀察了歌德一段時間以後，覺得歌德是可以培養成一個優秀的畫家的。

歌德也很喜歡這位教授，他發現，教授不但學識淵博，而且見解也很高超，更重要的是奧塞爾一點也不反對歌德有著寫詩的愛好。

直至這時，歌德才明白，自己真的是太愛詩歌了，當他高興或者悲傷的時候，他想做的第一件事，就是用詩歌把自己的情感表達出來。

在一堂美術課上，歌德突然對在木板上烙畫發生了興趣，他對奧塞爾教授說：「教授先生，我想學習在木板上烙畫，你認為我該從哪方面入手呢？」

奧塞爾教授笑著說：「哦，你應該首先學習一下銅版雕刻，關於這個，我或者可以把約翰·米夏埃爾·施托克介紹給你。」

但是，當歌德學習了一段時間銅版雕刻以後，他發現自己對詩歌仍然沒有忘懷。一次，歌德完成一幅油畫後，情不自禁地在奧塞爾教授的課堂上朗誦起了自己新作的詩歌。

全班同學都以為奧塞爾教授會大發雷霆，可教授卻笑容可掬地走到歌德的身旁說：「我不是很懂詩歌，但我聽得出來，你的詩很優雅、很美。不過，我要告訴你，凡是藝術都是相通的，你可以了解一下繪畫藝術，它也許對你的詩歌有幫助呢！」

為了提高歌德的藝術修養，奧塞爾教授讓歌德學習溫克爾曼的著作。

溫克爾曼是藝術史家，是德國古代美術史的開山鼻祖。奧塞爾教授很推崇他。歌德認真讀了溫克爾曼的《談希臘的繪畫和雕刻作品的模仿》、《信札》、《釋義》等著作。

萊比錫培養了歌德對藝術的愛好，同時也給了17歲的歌德愛的激情，從1766年起，歌德常常在舍恩科普夫酒家吃飯，從而結識了店主的女兒安娜·卡塔琳娜·荀科普。

歌德親切地稱她為小安妮特，他們深深地相愛了。可是，安妮特認為歌德過於認真，過於衝動，並不理解她，於是兩人最終分手，為此，歌德痛苦極了，他不知道該怎麼從失戀中走出來。

後來，在一位神學院朋友的指點下，歌德離開了萊比錫，找到一位幽默風趣的老鞋匠。

鞋匠很和氣地接待了遠道而來的歌德，他看完歌德帶的朋友的介紹信和歌德寫的兩個新劇本，微笑著對歌德說：「我從你的劇本中看出，年輕的先生，你是一個奇怪的基督徒。」

「為什麼這麼說呢？師傅。」歌德顯得有些莫名其妙。

鞋匠解釋說：「我說的奇怪不是壞的意思，人們把不像他自己的人就稱作奇怪，我稱你為奇怪的基督教徒，是因為你在一個劇本裡承認自己是主的信徒，而在另一個劇本裡卻不是。」

歌德請他說下去，他接著闡述自己的觀點：「看起來，你想給窮苦人和下等人宣布一個福音；這好啊，這樣模仿主是值得讚許的；但是你該知道，主喜歡和養尊處優的有錢人坐在一起，那裡一切順遂，而且他自己也愛聞鳳仙花的香味，而你在我這裡能聞到的只是相反氣味。這不是你的奇怪之處嗎？」

歌德會意地笑了，他把自己遇到的感情困惑說給老鞋匠聽。

老鞋匠想了想，告訴歌德說：「我年輕的時候就開始幫人家修鞋，在我的鞋攤前，經常有一個美麗的女孩經過。她是一位有錢有地位人家的女兒。她每次經過時，我的心就跳得很厲害，覺得生活整個都充滿了陽光。這種時光整整持續了一年。後來，那個女孩出嫁了。我傷心了一段日子，慢慢地把這段經歷埋藏在心裡，並衷心地祝願這位女孩永遠幸福。現在，我們各自都有了家庭，她的兒子是一位大學生，常來我這裡修鞋子。」

聽過這裡，歌德好奇地問：「那麼，那個女孩知道你的心事嗎？」

「當然不知道。不過，這並不重要，重要的是你為自己喜歡的人的幸福而高興。」老鞋匠平靜地回答。

「你真是太高尚了。」歌德讚揚說。

「這並沒有什麼。換了是你，也會這麼想的。」老鞋匠依然平靜地說。

老鞋匠的愛情故事，讓歌德想起了萊比錫的安妮特，那個讓他快樂又讓他痛苦的女孩。歌德陷入了沉思：愛一個人，並不一定非要讓她知道，也並不一定非要贏得她的芳心，只要她能快樂地生活，就沒有什麼好遺憾的了。他感到自己的境界應該像老鞋匠那樣。想到這裡，歌德的心情豁然開朗。

帶著愉快的心情，歌德去參觀了當地的畫廊。畫廊裡有義大利和荷蘭畫家的作品。這裡的作品讓歌德流連忘返，他盡情地在藝術的海洋裡徜徉。

每到傍晚的時候，歌德就去拜訪老鞋匠，和他談天南地北的事，有時也談藝術。每個老人都是一本書，雖然老鞋匠不懂藝術，可是總能說出自己獨到的見解，這使歌德受益匪淺。

安妮特為歌德帶來的陰影慢慢地消失了，歌德因為不能寫出優美詩歌而產生的焦慮情緒也慢慢地平靜下來了，朝氣蓬勃的歌德告別了老鞋匠，重新回到了萊比錫。

病休期間的探索

當歌德重新回到萊比錫的時候，大家發現，他精神振奮、容光煥發，像變了一個人一樣。

他對創作的熱情更高了。不僅如此，他每天還去參加業餘戲劇演出，苦練繪畫本領，就這樣過了兩個月，歌德突然病倒了。

一天夜裡，他劇烈地咯血，脖子的左邊也突然長出了一個腫瘤。他以為自己得了肺病而來到醫院，醫生們的診斷卻相互矛盾。這使歌德一連幾個星期都臥床不起。

其實，歌德的這次病倒不是偶然的，早在他離家上學前，他的心情就一直很憂鬱，去萊比錫的途中胸部又受了傷，而後來的一次墜馬經歷更使他胸痛加重。再加上病倒前，愛情上的打擊，飲食的不當，整天地伏案寫作，以及洗冷水澡、受風寒等種種因素，終於使他的身體被摧垮了。

歌德臥病在床，幸好有奧塞爾教授的女兒弗里德莉卡照顧他，給他不少安慰，使他的心情不至於太憂傷，也使他不至於太絕望。

時光荏苒，不久，歌德滿 19 歲了。這一天，他拖著病體，登上郵車回到了家鄉。

本來想培養兒子成就一番事業的父親，站在樓梯上見到兒子拖著病體回來，不免大失所望。母親見到兒子生病，瘦得不像人樣，既傷心，又心疼。

最歡迎歌德回來的，是他的妹妹科納莉婭，她認為在家庭中唯一能和自己心靈相通的就是哥哥。

自從歌德離家上學，父親卡斯帕先生把自己好為人師的癖好全部施展到女兒身上。繁重的學習和功課壓得科納莉婭喘不過氣來，正常的社交和娛樂都被取消，她很自然地怨恨起自己的父親，現在，自己思念的哥哥回到了家中，科納莉婭自然欣喜不已。

在她的眼裡，哥哥是一個才華出眾的人物，科納莉婭很崇拜他，她精心地照料哥哥，使歌德的身體漸漸康復。

原來，歌德得的並不是肺病，只是嚴重的咽喉炎。歌德靜靜待在自己的閣樓上養病，他經常穿著睡衣，坐在房間裡看書，整理自己在萊比錫期間的作品。

在這期間，歌德開始用化名發表自己的作品，但是，他還是一個病人，他的精神狀態遠還沒有恢復。不久，他的咽喉炎還沒有完全好，卻被又一種病魔擊倒了。

這一次，他患的是嚴重的腸胃病、消化系統故障，醫院的醫生對此束手無策，歌德以為這一次自己是死定了。

在這危險的關頭，焦急萬分的母親逼著醫生拿出他的萬靈藥來。原來，這位內科醫生信奉煉丹術，祕密自製了一些藥品，誰也不公開提起這些藥，因為根據法蘭克福的法律，醫生自製的藥品是不合法的。有一種助消化的藥粉，他不那麼保密，但是還有一種重要的藥劑，那是醫生準備在病人極其危險的時候才應用的，而且也只給那些相信他的人服用。不過，還沒有人看見過或體驗過它的功效。

歌德的母親伊麗莎白不願意看到兒子年紀輕輕的就死去，她幾乎要跪下來乞求這位醫生：「求求你，請看在上帝的份上，幫幫我們！」

醫生也很難過，他看了看卡斯帕先生。卡斯帕先生這時也懇求他：「醫生，不管您用什麼辦法，請一定要救救我的兒子。我們不會讓您承擔什麼責任的。」

醫生猶豫了好一下，才在深夜趕回家裡，拿來一小瓶結晶體的藥，用水溶化後，讓歌德吞下去。

本來，這是歌德父母對兒子病急亂投醫的辦法，沒想到，歌德的病情竟然奇蹟般地好了起來。

歌德的母親除了做家事和關心孩子們之外，還把一些時間花在與女伴們探討宗教信仰上，從此後，歌德家便常常出現一群信仰宗教的女士們。歌德在家中養病，常和她們接觸，其中有個叫馮．克萊頓貝格的女士最吸引歌德。

克萊頓貝格女士和歌德的媽媽年紀差不多，但她卻一直沒有結婚。她穿著整潔，舉止優雅，雖然沒有自己的孩子，卻很喜歡歌德這個病弱的青年，認為他是一個需要關心的孩子。

她每次來歌德家，都要和歌德談論一番。她把自己對於痛苦的體驗說給歌德聽：「病痛是我們身體不可缺少的一部分，如果沒有它，那麼健康就不能引發我們的喜悅。」

歌德覺得她的話很耐人尋味，就常常和她說話。因為病痛，再加上這些年來的感受，歌德覺得上帝是不公平的，他告訴克萊頓貝格：「我覺得上帝並不像人們說的那麼善良和正義，他總是傷害尊敬他的人。」

克萊頓貝格是基督教的虔信派教徒，對上帝十分虔誠，聽歌德這樣談論上帝，簡直嚇了一跳。不過，她馬上用溫和的聲調說：「如果你覺得別人對你不公正，而使你惱怒的話，恢復心情最好的辦法就是檢討你自己的錯誤。」

聽了克萊頓貝格的話，雖然歌德並不同意她的觀點，可當他晚上一個人的時候，他又突然想起克萊頓貝格的話，並遵照她說的去檢討自己的行為，果然，歌德覺得自己的情緒好了很多。

克萊頓貝格還介紹歌德看虔信派教徒弗里特·阿諾德的《教會和異教徒史》，這本書提到了平民的原始基督教，給了歌德很大啟發。《教會和異教徒史》讓歌德明白了阻礙人們掙脫官方宗教信仰是多麼矯揉造作，多麼虛偽，也明白了國王為什麼要求宣傳教條，為什麼要嚴厲懲處異教徒了。自此以後，歌德決意和神職人員教給他的一切決裂。

平凡的克萊頓貝格成了不平凡的歌德的思想引導者，最直接的影響是歌德在萊比錫期間養成的不安的心緒在其鼓勵和安慰下慢慢消除。

但肉體的苦痛還是令歌德夜不能寐，他翻來覆去，思考艱深的宗教問題，他想：「上帝在創造聖子和聖靈的同時，一定同時創造出了魔鬼，魔鬼是反對上帝的第一個叛逆。」

「可是，這個魔鬼應該是什麼樣子的呢？」歌德開始思考這個問題。他為此構思出了詩歌中的一些新的形象，他用普羅米修斯這個叛逆者來代替背棄上帝的魔鬼。

可以說，「魔鬼創世說」成了歌德世界觀根本轉變的前奏，同時和別人對叛逆者形象的描述相反，歌德特別強調上帝與人之間的衝突，因而對於人與叛逆者的同一性的肯定就包含了積極自主和自我負責的行為，這是他從普羅米修斯頌歌直至浮士德詩歌的主要特徵。

因此，創世說首先對歌德美學觀點的形成產生很大的作用，後者第一次認真地推動他去掌握那偉大的人類形象，而這形象的本質結果也就決定了他的詩歌的人道主義的基本內容。

雖然死亡的陰影還籠罩在歌德的病榻之上，但此時的歌德已不甘忍受死亡的擺布了，他的臉上露出了久違的微笑，並重新開始做自己想做的事情。

挑戰權威作家

歌德一天天地好起來了，他拿起筆開始畫畫。他首先將自己看得見的家具畫了一遍，然後又為家人畫肖像。

當他把這些都畫了一遍以後，他又轉而將自己聽到的本城的種種有趣味的故事用畫來表現。

歌德的畫不是沒有特色，也不是沒有趣味。他認為，自己的畫總是與人物不相稱，不是缺少真正的氣魄，就是筆畫模糊不清。

儘管如此，這些畫仍然討得了歌德父親卡斯帕先生的歡心，他要歌德把它們再畫得清晰一點，並要求兒子將一切畫都這樣做，之後，卡斯帕先生把這些畫都整齊地裱好，當作精品一樣收藏了起來。

為了博得父親的歡心，歌德畫了許多靜物，因為這種畫有實物在面前做樣板，他便畫得比較清楚準確了。

歌德畫了一段時間畫，又想起了萊比錫的學生生活，想起那個教他繪畫的奧塞爾教授，以及教他銅版刻蝕的施托克先生。

歌德想起從事銅版刻蝕的念頭，他繪了一個頗有趣味的風景畫，並把施托克先生傳授給他的處方書找出來，試著自行試印。

可是，沒完成幾件，歌德的病情又惡化了，他的喉嚨疼得十分厲害，尤其是小舌的那一部分腫得令他必須忍受極大的痛苦才能吞下一些東西。上次給歌德治好病的那個醫生對此也束手無策。醫生只好強迫歌德含漱口水和敷粉，但是沒有一點效果。

歌德躺在床上，突然想起他是在刻蝕銅版時不夠小心，才感染的病。於是，歌德放棄了刻蝕，隨後，他的喉嚨果真奇蹟般地好了。

不能再畫畫了，歌德決定找些有意義的事來做。他把在萊比錫上學期間寫下的作品都找出來，進行修改。這件事他做得很專心、很認真，若是遇到他不滿意的作品，他會毫不猶豫地將其投入火中燒掉。

可是，伯里施替他抄寫的那本《安娜詩集》，雖然裡面的內容現在讀起來覺得浮華，歌德還是把它保留下來。因為每次看到它，就會使他想起和伯里施的友誼。

想起伯里施，歌德就想起萊比錫那些迫害他和伯里施的作家們。歌德心中對這些作家們充滿了憤怒，他想：「我要用我手中的筆，來揭露你們的無恥，替老師討回公道。」

他決定根據自己和伯里施的故事寫出一個劇本。

歌德為這個劇本取名為《同謀犯》，他把寫完後的作品首先拿給妹妹科納莉婭來讀。科納莉婭一邊仔細地讀著，一邊流下眼淚，她覺得哥哥筆下的那些作家們真是太可恨了。

科納莉婭看完劇本，對哥哥說：「哦，實在是太感人啦，真的是你和伯里施先生的真實故事嗎？」

歌德難過地回答：「是的，很多人都親眼所見！」

「你們真是太不幸了，可憐的哥哥，可這個社會原本就是如此啊！那些所謂高高在上的人，其實就是見不得別人的才華比他們高，他們的心胸是多麼狹窄啊！」科納莉婭遺憾地說。

最後，妹妹為歌德提議說：「我覺得，既然這個故事是屬於你和伯里施先生的，那麼，你完全可以把這份作品寄一份給他閱讀，這對他來說，也許是個很好的安慰呢！」

「這倒是個好注意，我怎麼沒有想到呢？」歌德高興地擁抱了妹妹，並在她的額頭深深地一吻，說：「謝謝妳的建議，我的寶貝妹妹，現在我立即就來做這件事。」

歌德認真地將《同謀犯》抄寫了一份，他一邊抄寫又一邊對劇本再次修改了一番。當他做完這一切以後，他還特地寫了一封信給伯里施先生，把它們一起裝進信封寄了出去。

很快，歌德就收到了伯里施先生的回信。在信中，伯里施先生說歌德把那些無恥的作家們刻畫得簡直是入木三分，並鼓勵歌德繼續創作。信的末尾，伯里施先生還預言歌德將會在文學上闖出一番大事業。

受到自己喜歡的老師的鼓勵，歌德覺得寫作熱情又高漲了許多，他激動地對妹妹說：「看見了吧，科納莉婭，伯里施先生在誇獎我呢！要知道，他是很少誇獎別人的，他還預言我會在文學上有一番作為呢！我一定不能辜負他對我的期望。」

科納莉婭也鼓勵著哥哥說：「我也同意伯里施先生所說的，哥哥，我一直都很看好你呢！」

「是真的嗎，妳一直都很看好我嗎？」歌德覺得自己真是太幸福了，他激動地又想要擁抱妹妹了，卻被調皮的科納莉婭躲開了。

歌德又開始寫作了，這次他寫了很多的童話故事。歌德常常在夜晚把這些美麗的童話故事，講給媽媽和妹妹聽。

歌德的這些童話故事太吸引人了，故事中的主角，常常把媽媽和妹妹感動得掉下眼淚。

寫作上帶來的快樂讓歌德欣喜若狂，不過因為他還在生病期間，所以當他疲勞過度的時候，常常會夜不能眠。每當在這個時候，家人就會想起為歌德治病的醫生約翰·弗里德里希·邁茨，就是那個從死神那裡將歌德救回來的醫生。

歌德和邁茨醫生建立了很好的友誼，他很同情歌德的痛苦，經常安慰歌德，鼓勵歌德戰勝疾病。他不僅治療歌德的病體，還積極修復歌德心靈上的創傷。

在邁茨醫生的指導下，歌德鑽研醫生和自然科學家巴拉賽爾蘇斯的著作以及猶太人的神祕哲學，並像古代煉金術士那樣做實驗，想借此來揭開大自然的奧祕。

在 1769 年 2 月，歌德在給朋友寫的信中說：

> 過去我對什麼都不滿；現在，當我被眾人遺棄的時候，我倒感到安寧、愉快。
>
> 我現在正在研究哲學。我處於閉塞和孤獨之中，全部裝備就是圓規、紙、筆和墨水，還有兩本書。用這種簡單的方法，我常常深入對真理的探索之中，比那些專啃書本的人深入得還要多。

一位大學者很少同時是一位大哲學家。那些耗費精力讀了很多書的人，十分輕視自然這本簡單而又淳樸的書。然而，除了淳樸的東西之外，這個世界便沒有什麼東西是真實的了。

歌德把研究自然看作是在哲學的意義上追求真理，他一生一直都保持著對自然科學的興趣，並取得了傑出的成就，而且，歌德的實驗和研究對後來他的著名作品《浮士德》的寫作極有幫助，詩劇中那位老博士在書齋中冥思苦想以及煉丹的情景，就是歌德生病期間的真實寫照。

1770 年的春天到了，此時萬物復甦，春光明媚，歌德一生中最黯淡、最不幸的一年半時光終於過去了。他基本恢復了健康，心靈憂鬱症也痊癒，青春朝氣又勃發出來，於是他決定再度離開家，到新的地方去接受新的學習。

結交新的朋友

1770 年 3 月下旬的一天，歌德啟程去了史特拉斯堡，他將在這座城市繼續自己的求學生涯。

在歌德生病期間，他的父親卡斯帕曾多次表示，希望兒子病癒後能夠繼續完成學業。卡斯帕先生認為，兒子將來若要躋身於上層社會，就必須要完整地接受高等學府的全部學習。

另外，說一口流利的法語也是進入上層社會的階梯。為此，他為病癒後的歌德選擇了德語與法語混雜的邊境城市史特拉斯堡大學，所學專業仍然還是他所要求的法律學。

啟程前，歌德向一個珠寶商的女兒弗蘭齊斯加·克萊斯伯爾告別，並為這個女孩寫了一首情詩，詩名叫〈告別〉，內容如下：

讓我用眼光向妳道別，
我的嘴已不能說再見！
平常我也是堂堂男子，
要別離卻那麼的艱難！
甜蜜的海誓山盟，
也難解此時憂傷。
妳的手無力握緊，
妳親吻嘴唇冰涼。
想從前偷嘗輕吻，
竟使我欣喜若狂！

三月初摘紫羅蘭，
一高興便為妳戴上。
如今我再不為妳，
採摘玫瑰編花環。
小弗蘭茨，春來了，
但對我卻是秋天！

難以否認，在歌德病休期間，他愛上了這個女孩，不過，他每一次的戀愛都能使他找到詩歌的靈感。現在，他寫作的詩歌也越來越真摯動人了。

歌德所去的史特拉斯堡是法國亞爾薩斯的一個城市，靠近德國邊境，它的居民被稱為「法國皇帝的德國臣民」。這裡的人們比德國其他地方更樂意效仿法國。人們說法語，願意和法國人交往。

能夠和法國人交往，可是讓人羨慕的事，因為只有這樣，才有可能成為世襲的貴族。歌德從認識多倫伯爵起，就非常喜歡法國文化，現在能夠來到這裡學習，讓他非常高興。

歌德一到史特拉斯堡，便馬上去大教堂，聽自己的父親講，那是這個城市最美麗的地方。這天一大清早，歌德就穿戴齊整地去了那裡。這天的天氣非常好，歌德從教堂頂上的平臺望下去，近處有「小威尼斯」之稱的小河與河上一座座小橋、鱗次櫛比的房屋及沃野牧場，盡收眼底。望著美麗的景色，這個 22 歲的青年對未來的生活，有一種奇特和不安的感覺，他不知道是吉還是凶。

歌德到史特拉斯堡後，他的法語成了當地人嘲笑的話柄，正像當初剛到萊比錫時被人嘲弄他的法蘭克福土氣的鄉音一樣。

結交新的朋友

歌德是自小就學會法語的，但是發音很不純正，因為他小時候經常模仿那些僕人、衛兵、牧師和演員們說法語的腔調，積習難改，有點不倫不類，怪腔怪調，在上流社會人士的耳朵裡聽來自然有些異樣。

他們的嘲笑嚴重地傷害了歌德的自尊心，他下定決心，不在萬不得已的情況下一定不說法語，他要用自己的母語德語來表達自己想要表達的一切，以此證明，自己的母語是多麼的富有表現力。

最初，歌德按照父親的要求住在學校附近的一所房子裡，這裡到處都是做生意的各種人群，歌德和他們沒有共同的話題，他覺得在這樣的環境下溫習功課真是太悶了，他聽說魚市街有很多像自己這樣的學生住，就決定搬到那裡去。

經過一位同學介紹，歌德搬到魚市街的一處舒適的寓所。魚市街是一條又長又美的街道，整天人來人往，很熱鬧，歌德在這裡認識了一些意氣相投的飯局朋友，其中有不少是史特拉斯堡的大學生。

歌德交的第一個朋友是醫科學生邁耶。雖然邁耶的體態和長相不佳，但舉止溫和，品德善良，並且記憶力出眾，他模仿各科教授的講課唯妙唯肖，常惹得歌德開懷大笑。

歌德因為生病，留下了頭疼的毛病，邁耶建議他常常登高，以此克服。歌德就在每天下課後爬到那座大教堂的最高處，在上面欣賞一下風景，之後，他又到教堂附近散一下步。這些訓練還真是有效，漸漸地，歌德的頭疼得到了好轉。

因為邁耶的原因，歌德又交了很多學醫的朋友，他們在每次吃飯的時候，都喜歡談些醫學上的事。歌德在這方面知識貧乏，所以他在聽取法學專科課程之外，還頗有興趣地去旁聽了不少醫科課程，並下了不少功夫。

很快，歌德的醫科水平就受到飯桌上同伴的好評。值得一提的是，雖然歌德對人體解剖學有天生的厭惡感，但他還是努力加以克服，並試圖習慣那些看一眼就令人噁心的被解剖了的肢體。這對他後來的動物學研究極有幫助。

歌德還認識了一位斯文莊重的法學博士薩爾茲曼，那是一位60多歲的老人。歌德向他諮詢深造法學需要學習哪些科目等問題，博士介紹了一位補習教師給他，幫助他掌握有關法學的必要知識。不久，歌德輕而易舉地透過了考取博士應考者的資格，這就意味著他不必參加一些法學的專科學習了。從此，他有了更多的空閒時間。

薩爾茲曼博士在史特拉斯堡是個很有名望的人，他常常出席當地的各種社交活動，並熱情地邀請歌德參加，歌德為此認識了很多人，結交了很多的朋友。

在此期間，傑出的擊劍手弗朗茨·勒澤也成了歌德的朋友，他的眼睛小而銳利，決鬥時常被邀請做仲裁和證人。弗朗茨·勒澤雖然家道貧寒，卻性情樸實、正派，和歌德等人聊天，他出語多含機智，應對綿裡藏針。

歌德把勒澤視為一種善良而堅定的性格的榜樣，並高度評價他恪守的對人對己的責任原則。後來，歌德甚至以勒澤的原型寫作了一部作品《鐵手騎士葛茲·馮·伯利欣根》，文中那個常能可敬地屈身於人的勇士，歌德就是使用的弗朗茨·勒澤的原名。

半年時間很快過去了，歌德終於適應了史特拉斯堡的生活。他結交朋友、學習騎馬和跳舞、遠足、訓練身體，為再次恢復萊比錫時期的幸福和自由而欣慰。

在這段時間，他除了上課，既不工作，又不寫詩、作畫，但他花了不少時間研究大教堂的建築藝術，並從這座古老的哥特式建築中發現了德意志民族的藝術成就。在外國的領土上強化自己的愛國思想，這倒是他的一個收穫。

提升對詩歌的認識

1770 年 9 月的一天，歌德在一家旅館裡結識了來史特拉斯堡治療眼病的約翰·戈特弗里德·赫爾德爾，從此開始了他人生的新的里程。

赫爾德爾是德國卓越的先驅思想家、享有「北方智者」之稱的約翰·格奧爾格·哈曼的學生，只比歌德大 5 歲，上過德國古典哲學的創始人康德的哲學課，和當時法國唯物主義哲學家狄德羅、德國啟蒙運動時期劇作家萊辛都有交往。赫爾德爾在神學、哲學、美學、詩學、歷史、語言學等領域都有很深的造詣。

赫爾德爾特別推崇萊辛倡導的民族文學的精神。在歌德和他相識之前，他已因《近代德國文學散論》和《批評之林》等著作而名噪一時，在這些作品中，他堅持用歷史的眼光來觀察世界，認為文學是不斷地發展著和消亡著的歷史現象。

歌德是從他的那些醫學好友們的談話中知道赫爾德爾來到史特拉斯堡的，他早就欽佩赫爾德爾的才華，很想前去拜訪。他向朋友詢問：「你知道佩赫爾德爾先生現在住在史特拉斯堡的什麼位置嗎？」

朋友搖搖頭，不過他答應歌德一定幫他找到地址。

第二天，那個朋友交給歌德一張紙條，上面記錄著赫爾德爾的旅館地址。

歌德簡直想要親吻朋友的臉，但他的朋友卻對歌德說：「不要高興得太早，聽人說赫爾德爾是個很古怪的人呢，他很不喜歡交朋友，你可要小心碰釘子喲！」

歌德還是決定去拜訪，出門前，他專門穿上了莊重的禮服，並對著鏡子自言自語地說：「瞧，這是一個多麼帥氣的年輕人呀！而且，他還會寫很多美麗的詩，連不愛表揚人的伯里施先生都很看好他呢，赫爾德爾為什麼會拒絕這樣一個青年呢？」

歌德鼓起勇氣，來到赫爾德爾下榻的旅店。當他急匆匆地走進飯店，在三樓的拐角處，他遇見了一位陌生的青年牧師。

這個牧師披著綢斗篷，下擺撩起，塞進衣袋，撲了粉的頭髮捲成一綹，盤在後腦勺上。歌德馬上猜到服裝古怪、舉止瀟灑的教士就是赫爾德爾。

他急忙鞠了一躬，向牧師介紹自己說：「您好，尊敬的赫爾德爾先生。請允許我介紹自己，我叫約翰·沃夫岡·歌德，我非常想來拜訪您，並聽聽您對文學的見解，希望您不要推辭。」

這位年輕的牧師很奇怪地問：「您怎麼知道我就是赫爾德爾呢？」

歌德不好意思地說：「我是從您的服飾上推斷出來的。」

歌德的坦率和真誠贏得了赫爾德爾的好感，他用熱情的語調說：「歌德先生，真是對不起，我現在有急事要出去。不過，從明天起，您可以隨時去醫院的眼科病房找我。我們可以好好地聊一聊。」

歌德沒想到，赫爾德爾對自己竟然這麼友好，他發現，這位可敬的先生並不像朋友說的那麼不容易接近。

歌德愉快地回到了魚市街的自己的住所，盼望第二天快點到來，這一夜，他幾乎興奮得睡不著覺。

第二天天剛亮，歌德就迫不及待地趕往醫院，來到了赫爾德爾的病房。

赫爾德爾驚訝地對歌德說：「像你這樣勤奮求知的人倒是很少見的。」

歌德害羞地抓抓腦袋說：「真是不好意思，打擾您了。」

他們就這樣你一句我一句地聊了起來，雖然兩個人剛剛結識，可他們卻像一見如故的老朋友那樣，彼此都有說不完的話。只不過他們的談話內容，大半都是學術方面的。

只要提到自己的見解，赫爾德爾就覺得有很多話要說，他似乎忘記了讓他頭痛的眼病，躺在床上滔滔不絕地闡述道：「以阿那克里翁詩派為代表的洛可可文風意味著什麼？那不過是封建王朝沒落在文學中的投影，充其量是在拍宮廷趣味的馬屁。作家應該把文學看作是宣揚啟蒙思想、喚醒民族意識的舞臺，只有這樣才能期待德國文學的繁榮。」

歌德雙手抱在胸前，靜靜地聆聽赫爾德爾的講解，他欽佩赫爾德爾的博學和睿智，他願意像個謙虛的學生那樣專心地聽下去。

而赫爾德爾呢，則像個天生的導師，他彷彿已經習慣了老師角色，講起話來也不知道疲倦：「文學應該反映客觀現實，表現人的個性和情感，可如今德國的戲劇舞臺上比法國人還法國化，我們應該有自己的民族戲劇，應該把市民階層搬上舞臺，普通人也可以有不平凡的命運，這樣才容易引起大多數人的同情。」

赫爾德爾說得很起勁，歌德也聽得很認真，不知不覺，窗外燦爛的陽光變成了金色的夕陽，病房裡越來越暗。歌德這才驚訝地發現一天的時間已經過去了，他抱歉地對赫爾德爾說：「哎呀，真是對不起您，打擾了您整整一天，我想您一定很疲勞了吧，不過，您的見解真是太精闢，太吸引人了！」

赫爾德爾寬容地笑了：「歌德先生，對我而言，你可是一位撞進門的好學生呢！你很聰明，我樂於和你談話，真誠希望你能經常到我這裡來。」

從這天起，歌德每天早晚都去探視赫爾德爾，甚至整天都留在他的身邊。他對赫爾德爾的偉大的品性、廣博的知識和深刻的洞察力日益敬服。

此時，赫爾德爾先生正在寫《論語言的起源》。他在這本書中反對語言源於上帝的觀點，論述了語言的發展軌跡，認為語言與文學發展有著密切的關係，德國民族文學將會促進德語的發展。實際上，這本書講的是精神史和文學史。

赫爾德爾對歌德講這部書的寫作要點，引導歌德研究詩歌的起源和歷史。他讓歌德閱讀從荷馬、聖經，到莎士比亞等一切有名的作品，還特地給他闡述莎士比亞作品的完美之處。歌德如飢似渴地閱讀莎士比亞的著作，讀完後，他第一次覺得自己有了「手和腳」。

赫爾德爾還向歌德推薦法國的思想家盧梭的作品。盧梭是熱愛自然的典範，其作品充滿了對大自然界的讚美之情。他認為，社會上的人，應回到自然狀態中去自由地發展自己的個性。

歌德本來就喜歡自然風景之美，認為自然有自己的意志，他有著模糊的泛神論的思想。因此，歌德很容易地就接受了盧梭的思想。泛神論就是認為神存在於萬物之中，沒有什麼超自然界的上帝的存在，如果說有上帝，上帝就是自然。後來，歌德寫出一首被人們認為泛神論的詩，詩中連自然神也不提，只講自然界有永不停息的生命，大到繁花似錦的大地，小到枝頭的每一片葉子都是如此，自然界按照自己的獨立意志去生存去發展，其形態自由、歡快、美滿。

赫爾德爾的學問和見解完全征服了自負的歌德。因此，赫爾德爾經常諷刺挖苦歌德，歌德卻毫不介意。歌德覺得赫爾德爾就像有才能的魔鬼普羅米修斯一樣，有一種強大的奇異的吸引力。

赫爾德爾對歌德的冷嘲熱諷，也都是善意的，那是他見到歌德身上的一些壞毛病後的有感而發。一次，赫爾德爾去歌德的公寓裡做客，他看到歌德書架上擺放著整整齊齊裝訂很美的書，卻一本也沒有讀過，就寫了一首諷刺詩，表示對這種虛飾和誇耀的憎惡。

在赫爾德爾的影響下，歌德提高了對詩歌的認識，增進了對詩歌的了解，可以說，赫爾德爾在很大程度上打掉了歌德身上所謂的貴族習氣，讓歌德的思想更趨活躍，視野更加開闊，文學口味更加濃厚。

此後，歌德寫出了一些民歌體的新作品，使人耳目一新，〈野玫瑰〉就是他這個時期的代表作之一。

〈野玫瑰〉全詩分 3 段，每段最後兩句重複，這正是民歌的特點，這首民歌本來在史特拉斯堡廣泛流傳，它經歌德採集到手，作了藝術加工後，便成了「世界的財富和人民的財富」，這首詩後來被譜成 100 種以上的歌曲在人們的口中流傳，其中以德國「歌曲之王」舒伯特譜的曲子流傳最廣。詩的部分如下：

男孩看見野玫瑰
荒地上的野玫瑰
清早盛開真鮮美
急忙跑去近前看
愈看愈覺歡喜
玫瑰、玫瑰、紅玫瑰
荒地上的玫瑰
男孩說我要採你
荒地上的野玫瑰
玫瑰說我要刺你
使你常會想起我
不許輕舉妄為
玫瑰、玫瑰、紅玫瑰
荒地上的玫瑰
男孩終於採了它
荒地上的野玫瑰
玫瑰刺他也不管
玫瑰叫苦也不理
只好由他折取
玫瑰、玫瑰、紅玫瑰
荒地上的玫瑰

寫出獨立風格的詩

赫爾德爾建議歌德常去農村採集一些鄉下民歌，以改變自己的寫詩風格。可是，歌德對史特拉斯堡並不熟悉，他不知道該去哪裡。

在赫爾德爾治病的時候，歌德不能去打擾他，便想起了赫爾德爾要自己去鄉間尋找靈感的教導。

經常和歌德吃飯的人當中有一個叫韋蘭的年輕人，他出生於亞爾薩斯州，熟悉當地風土人情，他要求歌德和自己去塞森海姆鎮的一位牧師家中做客。

「塞森海姆鎮？這個地方遠嗎？我們需要在那裡待多久？」歌德有些猶豫。

韋蘭微笑著回答說：「很近的，離史特拉斯堡只有 24 英里。我們可以在很短的時間裡玩個痛快。」

聽說不是很遠，歌德便來了興致，他高興地說：「那好吧！就這樣決定了。不過，先等一下，你剛剛說我們是要去拜訪誰，一位牧師？或者，我可以和他開個玩笑嗎？」

歌德總是喜歡弄出一些好玩的事來，他在去塞森海姆鎮之前，穿上了一身破舊的神職人員穿的衣服，把自己打扮得像個貧窮的神學院的學生。

接著，他又找來了一匹瘦得只剩下骨架的馬，當他騎上馬準備出發前，韋蘭笑得喘不過氣來，說：「喂，我說，歌德，這不像你平常的作風嘛！」

歌德也哈哈大笑起來：「怎麼樣，你看我像唐吉軻德先生嗎？」

韋蘭點點頭：「嗯，不錯，簡直是一模一樣！」

歌德又一次得意地哈哈大笑。

他們騎上自己的馬上路了，一路上，行人看到歌德的模樣，都發出驚訝的尖叫。他們順著一條幽僻的小徑穿過草地，很快就到達了塞森海姆鎮。

韋蘭帶歌德找到一家旅店放好了馬匹，便徒步向牧師家中走去。

牧師的房子看上去像一所破舊的農舍，但裡面卻清新如畫，讓歌德感到心曠神怡，更讓歌德分外驚喜的是牧師有兩個美麗可愛的女兒，當小女兒弗里德莉克走進房間，走進歌德的視野時，歌德突然覺得眼前一亮。

弗里德莉克穿著白色的圓短裙，白色的馬甲，腰上繫著黑綢短圍裙，頭上紮著兩條金色的大辮子。這在史特拉斯堡城市的女孩們眼裡，是不受歡迎的德國民族服裝。可是，它們穿在弗里德莉克身上，卻顯得非常美麗動人。

看到美麗的女孩，歌德有些不好意思對牧師一家開的這個玩笑，他甚至有些後悔自己沒有多帶一套衣服來。

弗里德莉克對這個看上去很怪異的客人卻很喜歡，她馬上和歌德愉快地交談起來：「歌德先生，你有什麼心事嗎？」

「哦！不不，我什麼事也沒有。」歌德的臉一下子紅了，他怎麼好意思對這位美麗的女孩說出自己的窘態呢！

弗里德莉克快樂地說：「既然這樣，那麼我為你唱幾支小曲吧！不過，我只會唱我們這裡的民歌，對於你們城裡的學生來說，你會喜歡嗎？」

歌德剛好在研究民歌，以便自己能夠寫出更好的詩，他馬上說：「當然，弗里德莉克小姐，其實我是很喜歡聽民歌的。」

弗里德莉克「咯咯」一笑，開心地說：「那真是太好了，不過，歌德先生，你完全可以叫我小莉克，我的家人都願意這麼叫我呢！」說完，她認真地唱了起來：「我來自一座黑黝黝的森林，相信我吧！我愛著你，這是我唯一的歡樂。哎喲！哎喲！哎喲！哎喲！」

歌德陶醉在這甜美的歌聲中，他覺得女孩是為他而唱，他真是快樂極了。

牧師的一家為歌德準備了豐盛的晚餐，吃飯時，弗里德莉克坐在歌德身邊，向歌德介紹當地的風光。

飯後，弗里德莉克又挽著歌德一同到曠闊的田野中去散步，她向歌德描述自己的經歷和她特別尊重的人，歌德忽然覺得沒能早點成為弗里德莉克的知己是件很可惜的事情。看到弗里德莉克如此將自己的心裡話說出來，歌德認為弗里德莉克是個非常善良、純潔的女孩。

三天以後，歌德告別了鄉間清新的空氣和熱情好客的牧師一家，回到史特拉斯堡。但是，就在歌德離開那裡的第二天，他就非常地想念讓他一見鍾情的弗里德莉克，歌德覺得對這位女孩的思念簡直達到一日不見，如隔三秋的地步，於是，他立即寫信給弗里德莉克，用含蓄的措辭表達了對她的愛慕：

> 親愛的、親愛的小莉克：我是否要對妳說點什麼？我們歸途中的情形妳大概能夠想像得到，妳大概能看出，分手時我是多麼難過。最終我們還是必須離別。值得回味的是，我們在路上所感到的愉快，這回味很快就被一個念頭所代替：我必須在不久之後與妳重逢。
>
> 再能見到妳是一件最令人心曠神怡的事情。我們這些心靈嬌弱的人，一旦稍感不適，就馬上給自己開出自慰的藥方，說：可愛的心！你靜一靜吧，你是不會長久地遠離他們、遠離那些你愛著的人們的；靜一靜吧，可愛的心靈！這樣，我們就給心靈一個幻覺，它如願以償了，它變得乖巧和安詳，就像一個幼童從媽媽那裡得到的不是蘋果而是不能吃的洋娃娃的情況那樣。
>
> 好了，我們就到這裡吧！

弗里德莉克很快就回信了，她熱情地邀請歌德再次去自己家做客。到了月底，歌德正好有幾天假期。他立即租了一匹好馬，打扮整齊，快馬加鞭地趕往塞森海姆。由於出發較晚，途中已見黑夜襲來。幸好有明月為他指路，不至於使他迷失方向。當歌德到達塞森海姆時，已是午夜時分。弗里德莉克和姐姐正在門口等著他，牧師一家為歌德準備好了一桌子的食物，他們高興地在一起用餐。

這次，歌德一身整齊的打扮引起了姐妹倆的一陣大笑。姐姐認為歌德是出於虛榮心，妹妹卻認為歌德是為了討好自己。當然，歌德刻意打扮成這樣，目的是為了吸引住自己的心上人。

飯後，歌德高興地和村子裡的年輕人們一造成教堂後廣場上圍著篝火跳舞，弗里德莉克輕盈的舞姿和舉止再次撥動歌德的心弦。

第二天早晨，弗里德莉克又來約歌德一起出外散步。兩人並肩而行，享受著優美的田園風光，兩人的關係越加親密。

從此以後，歌德常到牧師家裡，老是跟弗里德莉克在一起，牧師一家人日益習以為常，並不以為怪。他們聽其自然，而不問及這對年輕人這樣做會有什麼結果。按照當地的一般風俗，弗里德莉克的家人放任這對年輕人和別人一起做短暫旅行，遊覽萊茵河兩岸的風光。

歌德喜歡泛舟到萊茵河的島嶼上，圍著篝火烤魚吃，他和弗里德莉克的愛情隨著旅遊的順利進行而更見增長。

愛情讓歌德精神煥發，鄉間清澄的天空、肥沃的大地、和煦的陽光、溫柔的夜色、雨後的彩虹、林中的芳草鮮花，讓歌德目眩心迷，他久已淡漠的詩興不覺油然復生，禁不住按著著名的曲調為心愛的人創作了許多短歌。

這時，赫爾德爾對歌德的影響發揮了作用，歌德在這一時期所作的詩歌運用了新的創作手法，被稱為〈塞森海姆之歌〉，其中有兩首就是著名的〈歡會和別離〉和〈五月之歌〉。

歌德的〈歡會和別離〉寫作於1771年3月，詩歌寫出了他當晚騎馬趕路，急於見到心上人和見後相愛的幸福以及別離時難捨難分的情景，全詩用詞樸素，感情真摯。

歌德的〈五月之歌〉寫作於〈歡會和別離〉的兩個月之後，是歌德與小莉克在塞森海姆的道路上散步時的感懷之作。那時正是5月，當地的春天，春光明媚，萬象更新。一對情侶，踏青郊遊，享受著愛情的幸福，更覺得大自然的可愛。

這首小詩運用階梯式的結構，在讚美了春天和生機勃勃的繁花似錦的大自然之後，詩人祈求愛情。

歌德針對當時德國市民普遍遵循的，由經濟基礎決定戀愛和婚姻生活的價值觀，發出了愛情至上的呼聲，宣布相愛者道德上是平等的，同時指出了這種戀愛關係的社會意義。由於這種愛情賦予詩人以譜寫新的曲調、編排新的歌舞的樂趣和勇氣，所以，這意思不外是說，這種愛情給人鼓舞人心的力量，從而感覺和行動、個人幸福和藝術創作實踐結合起來。把詩歌的結構和民歌的形式融合成一種新的抒情詩體，這種藝術手法在德國詩歌中還從未有過。

歌德這首詩大量運用動詞和感嘆詞，充滿生動有力的感覺，這反映了作者的充滿勝利信心的樂觀主義情緒以及對自己的力量和大自然恩賜的信賴。

〈五月之歌〉簡潔有力的詩句，擲地有聲，情景交融，更烘托出春天與青春的氣氛，偉大的作曲家貝多芬非常喜愛這首詩歌，並為它譜了動聽的曲子：

自然多明媚，向我照耀！
太陽多輝煌！原野含笑！
千枝復萬枝，百花怒放，
在灌木林中，萬籟俱唱。
人人的胸中快樂高興，
哦，大地，太陽！幸福，歡欣！
哦，愛啊，愛啊，燦爛如金，

妳彷彿朝雲飄浮山頂！
妳欣然祝福膏田沃野，
花香馥郁的大千世界。
啊，女孩，女孩，我多愛妳！
妳眼光炯炯，你多愛我！
像雲雀喜愛凌空高唱，
像朝花喜愛天香芬芳，
我這樣愛你，熱血沸騰，
妳給我勇氣、喜悅、青春，
使我唱新歌，翩翩起舞，
願妳永愛我，永遠幸福！

歌德的這些詩歌體現了新的美學和哲學觀念，他克服了洛可可式詩風的纖巧和缺乏真情實感的寫作，汲取了民歌的精華，寫出了對自然界的真切感受。

如果說，給外祖父和外祖母獻詩時的歌德還只是一個乳臭未乾的小孩子，寫給珠寶商女兒的〈告別〉還沒有擺脫洛可可式詩風的俗氣，那麼，完成〈塞森海姆之歌〉以後的歌德已經是一個有著獨自風格的詩人了。

遺憾的是，儘管歌德和弗里德莉克非常相愛，甚至牧師一家也已經把歌德看做了自己家的準女婿，但是，在歌德和這位善良的女孩正式交往了近一年的時間以後，他們最終痛苦地分手了。因為，歌德來史特拉斯堡是為了完成未完成的學業的，他的肩上還擔負著爸爸的期望，他必須把心收回來，完全地放到自己的功課上，取得法學學位。

獲得名校法學學位

事實上，歌德一直都是一個非常聰明的人，他雖然在課餘時間和女友約會、寫詩，但在上課時也沒有忘記用功努力。隨著畢業日子的一天一天臨近，他開始投入所有的時間來溫習功課。

歌德順利地透過了法學課程的考試，不過，這些還不是最重要的，最重要的他還必須完成一篇畢業論文並通過論文的答辯。這樣，他才能夠拿到法學學位，完成爸爸的希望。

歌德獨自躺在寓所的床上，想著自己需要完成的論文，對自己說：「我要寫一份與眾不同的論文，而不是像一般的學生那樣，專門寫一些那些老掉牙的東西。」

有了這個想法，歌德放棄了所有的遊玩時間，把大把大把的時間都花在了閱讀各種書籍上。他每天埋頭在學校的圖書館裡，翻看各種法學書籍。有時候，還要去向學校的老師請教。

認識他的人都以為，歌德是真正對法律產生興趣了。要不然，他怎麼會突然這麼狂熱地學起法律呢！

然而，只有歌德自己知道，他其實根本就不喜歡法律，他這麼熱情地想要把畢業論文寫好，是為了完成他的父親卡斯帕先生的希望。每當歌德厭煩於閱讀那些沒有興趣的法學書籍時，他就會不停地提醒自己：「哦，我是卡斯帕先生的兒子，我有義務完成他對我的期望，他是那麼的期盼我的論文能夠出版。」

原來，歌德是在為自己的父親寫論文呢！

歌德把論文的題目定為〈論立法者〉，論文的主題別出心裁，新穎大膽。他當時對教會、公眾承認的宗教禮法在兩方面所起的衝突感興趣。

歌德對自己的學位論文很是滿意，覺得有根有據，文筆也好，他把自己的論文寫好後抄了一份給父親看，父親對他的標新立異、富有新教精神的見解也很讚賞。

歌德滿懷信心地把論文交到法學院。法學院的教授們對他的觀點非常震驚。因為歌德居然認為作為立法者的國家有權建立一定形式的宗教信仰，這可是不尋常的事。

教授們都不肯發表自己的意見，院長根本就不想對歌德的論文作出評論，院長對教授們說：「這是一篇危險的論文，絕對不能把它當作學位論文公開發表。」

歌德的導師找到他，對他說：「歌德，我們不得不承認你的論文寫得的確很好，但遺憾的是，還是不能作為學位論文公開發表，經過教授們和院長的商議，如果你同意你的論文不公開發表，法學院就允許你答辯。答辯完以後，你還是可以和其他學生一樣得到學位。」

歌德無可奈何地聳聳肩說：「既然這樣，那我同意。」歌德最想要的，還是能夠拿到法學學位，他在心中暗暗地想：「那麼，我的爸爸又要失望了。」

答辯的日子很快到了，教授先生要求歌德只帶了論文提綱去，因為院長怕他的論文會產生影響，所以要求他只帶提綱就可以了。

在答辯會上，負責提問的是萊塞爾老師。他用開玩笑的口氣問了歌德幾個問題。這可難不倒歌德，他很小的時候，就已經在爸爸的引導下，熟記羅馬法了。

獲得名校法學學位

歌德回答得非常準確，萊塞爾老師對院長說：「院長先生，約翰·沃夫岡·歌德的回答真是太精闢了，他完全可以獲得我校的法學學位。」

萊塞爾老師口中的法學學位相當於法學博士，歌德能夠順利地獲得這個證書，是一件令人高興的事，他在心裡說：「起碼，爸爸應該以我為驕傲。」

雖然歌德的論文不能公開發表，可他還是和其他畢業生一樣，參加了莊嚴的畢業儀式。

院長把學位證書鄭重地頒發到歌德的手中說：「歌德先生，你真是一個奇怪的學生。不過，老實說，你的論文的確寫得很好，也許有一天，會有人接納你的觀點的。」

儀式結束後，學校為歌德和同學們舉行了盛大的酒宴。

宴會上，歌德和同學們開心地說笑，當其他同學得知他的論文不能得到公開發表時，他們都替歌德感到可惜。他們舉起酒杯，安慰歌德說：「歌德，不要為論文的事情懊惱了，最重要的是我們終於畢業了。來吧，我的朋友，讓我們慶祝這偉大的時刻！」

歌德舉起酒杯，笑著回答說：「來吧，為了我們的畢業，乾杯！」不過，歌德在心裡卻說：「他們不知道，其實這些對我來說都並不重要，重要的是我終於完成了父親的要求。」

歌德的大學時代就這樣結束了，1771 年 8 月底，他從史特拉斯堡回到了故鄉。

律師背後的追求

歌德又回到了家裡。與上次因病回家不同，這次他完成了學業，帶著天才的風韻，還以承擔文化責任自命。他看上去意氣風發，熱情奔放，對一切事物都充滿興趣。

他的爸爸卡斯帕先生帶著一點遺憾歡迎兒子回來，媽媽和妹妹則高興地擁抱了他。

吃飯的時候，卡斯帕先生詢問歌德：「哦，我的孩子，下一步，你打算做什麼工作呢？」

「我聽你的安排，爸爸！」歌德這樣回答。

其實，歌德很想告訴父親，自己想要從事一份寫作的工作，但他知道爸爸的脾氣，卡斯帕是不會同意的。

卡斯帕先生很高興兒子能聽從自己的意見，他用平淡的口氣告訴兒子：「那麼，你準備向法蘭克福地方法院寫份申請吧！這樣，你就可以成為一名陪審法庭的律師。」

幾天後，23 歲的歌德遞交了加入律師協會的申請，申請很快得到批准。歌德開始與枯燥無味的法律公文打上了交道。

歌德的工作主要是充當法蘭克福猶太人的辯護律師，他詩人的氣質妨礙了他的律師工作。在法庭上的第一次發言，歌德不是採用一種嚴肅冷靜客觀的態度去辯論，而是像一個詩人在大庭廣眾中朗誦詩歌，充滿了主觀的意志和熱情，並帶有詩歌的韻味。

歌德的這種辯護令全法庭的人們哭笑不得，此時的他才徹底明白，自己根本就不是做律師的料，律師的職業對他來說，是多麼的煩悶和無聊。

幸好，法蘭克福人口不多，訴訟案很少，歌德一個月幾乎都接不到一個案子。這樣，歌德就可以把大部分的時間用在自己喜歡的事情上。

在這個時候，德國文學史上颳起了一陣風暴，它就是德國文學史上的「狂飆突進」運動。它是以萊辛為代表的啟蒙運動的繼續和發展。由於它主要涉及文學，所以說是屬於文學方面的革命運動。

「狂飆突進」來源於劇作家克林格爾的劇本名。這個劇本描寫了兩個英國家庭從結怨到和解的過程。劇本於 1776 年出版，第二年上演，效果並不佳。但是這批青年作家掀起的文學運動卻有如狂飆，勢不可當，故得此名。

這個運動的綱領是崇尚自然，推崇天才。作家們也以天才自命。他們要求個性解放，要求民族的發展。因此，他們反對封建專制，反對模仿法國文學，要求創造德國自己的民族風格。

「狂飆突進」運動大致開始於 1770 年。歌德的朋友赫爾德爾就是這個運動的綱領制定者和理論家。他在史特拉斯堡從 1770 年 9 月一直待到 1771 年 4 月，才去比克堡任牧師之職。他在這一年寫出了〈莎士比亞〉一文，兩年後才發表。

在史特拉斯堡，歌德認識到法國文學是「傳統的、高貴的」，所以追求自由和享樂的青年不喜歡它。人們戲稱名噪一時的伏爾泰為「老頑童」，對他表示嫌惡。正在歌德要求擺脫法國古典主義束縛之時，赫爾德爾介紹他讀英國文學家莎士比亞的作品，歌德由此愛上了英國文學。

「狂飆突進」運動掀起後，歌德決定做些遠比一個稱職的律師更為重要的事情。他每天早晨起床後，先埋頭於詩歌的創作研究。然後才去應付一些法律事務。

有一天，他在法律事務所的辦公室裡終於做出最後決定：「我目前的活動應該集中於文學上面，應該用手中的筆為德國文壇投進一股清新的空氣。至於訴訟、辯護，那只會讓我苦惱、枯竭，我的生命不該白白地在無聊的法律事務上耗費，我應該做自己想做的事情。至於父親的願望，如果非得為此付出代價的話，那就讓我付出吧，我絕不再因為別人的意願而回心轉意。」

下了這樣的決心以後，歌德覺得渾身很輕鬆、很舒服，他一邊繼續閱讀研究莎士比亞的作品，一邊為自己立下了一個更崇高、更自由的目標，這個目標為其打下了既現實又有詩意的精神生活基礎。

1771 年 10 月 14 日，歌德當著妹妹及妹妹的幾個朋友的面，發表了〈莎士比亞的命名日〉的演說：「我初次看了一頁他的著作之後，就使我完全折服；當我讀完他的第一個劇本時，我好像一個生來盲目的人，由於神手一指而突然獲見天光。」

他接著說：「我沒有片刻猶疑拒絕了有規則的舞臺。我覺得地點的統一好像牢獄般的狹隘，行動和時間的統一是我們想像力的討厭的枷鎖。我跳向自由的空間，這時我才覺得有了手和腳。因此，要是我不向他們宣戰，不每日尋思著去攻破他們的牢獄，那我的心要激怒得爆裂了。」

歌德的這篇講演雖然簡短，但在德國文學史上卻具有里程碑式的意義。講演著力介紹了當時在德國還不為人知的莎士比亞，更進一層闡明了後來被稱為「狂飆突進」運動的文學革命的綱領，由此開始了他文學創作的征程。

出版首部現實史劇

歌德放棄律師工作，一心一意地開始從事創作活動，但是，他應該寫什麼題材的作品呢？此時，他收到了赫爾德爾的來信。赫爾德爾在信中說：

> 我的朋友啊！在這個時代，你還能懷有這樣一個甜蜜的、配得上你的才華的夢想，實在讓我高興。你可以從我們的騎士時代取材，用我們的語言，為我們的變化如此之甚的國家建造起它的紀念碑！我羨慕你有這樣一個夢想，希望你不放鬆你為德國進行的崇高活動，直至勝利的花環高懸其上為止。

歌德沒有辜負赫爾德爾的期望。一個月之後，他終於選好了一個題材。這天晚上，歌德回到家裡，對母親說，他在公共圖書館裡找到了 1731 年出版的《葛茲自傳》，他要把它編成一個劇本。歌德口中的葛茲是 16 世紀德國農民戰爭時期的一個歷史人物，也是最後一代騎士。在諸侯混戰中葛茲失去了右手，配了一隻鐵手，因此有「鐵手騎士」之稱。1525 年他被迫參加起義。起義失敗後，曾被軟禁。軟禁取消後，他又隨卡爾五世遠征土耳其和法國，然後回到住地撰寫自傳，直至去世。

葛茲借自己的力量反抗社會，爭取自由的精神，正符合「狂飆突進」運動的宗旨，和歌德的追求目標一致。

為了寫好自己的劇本，歌德極力使葛茲的故事情節生動，並按照自己的想像，為這個人物編織了各種書上沒有的細節。他把自己設計好的細節首先講給自己的妹妹聽，妹妹對他編織的這些部分很感興趣，建議歌德立即動手創作。於是，歌德把全部力量都傾注到了葛茲劇本的創作上。

他一頭栽進書房，除了眼前的書籍，他幾乎忘記了外部世界。有人前來拜訪，他客氣地回絕，他的母親和妹妹只有在餐桌上才能見到他的身影。她們無論用什麼話題去吸引他，都無法把他從自己的世界中拖出來。

長時間艱苦的案頭工作，使歌德頭暈的老毛病又犯了，他的臉色開始變得蒼白起來。這可嚇壞了他的母親，在吃飯的時候，伊麗莎白流著淚勸說兒子：「歌德，你為什麼不能慢慢地做事呢？這樣會把身體累壞的。」

歌德知道母親心疼自己，便微笑著回答：「媽媽，我是一個成年人了，我會照顧自己的。」

母親的擔心與日俱增，歌德卻一點也沒有放鬆尋覓的步伐，就這樣，他用了不到 6 個星期的時間就完成了劇本的初稿。

歌德為這個劇本命名為《鐵手騎士葛茲．馮．伯利欣根》，劇本基本上反映了德國農民戰爭前後的歷史。但是他發揮了劇作家的想像，虛構了魏斯林根這個叛徒和阿德爾海特這個風流寡婦的形象，並且讓葛茲和農民領袖濟金根攀上了姻親關係，將結尾改成葛茲為自由而死。這些改動和不拘泥於史實的做法，顯示了歌德駕馭素材，展開戲劇性衝突的技巧和才華。

歌德筆下的葛茲比歷史上的葛茲形象更高大，性格更豐滿。他透過葛茲臨死前高呼「自由」，表達了自己反抗暴虐、要求自由的革命精神。

這個劇本共分59個場次，打破了古典主義戲劇堅持的時間、地點、情節的統一性，塑造了一個用暴力與日益衰敗的現存秩序進行抗爭的好漢形象。這個形象後來成為「狂飆突進」運動的典型英雄形象。這個劇本從形式到內容都標誌著歌德與古典主義戲劇的澈底決裂。

劇本完成後，歌德首先把它寄給赫爾德爾觀看，但令他失望的是，赫爾德爾居然毫不留情地把劇本的缺點全部寫在信上。

原來，歌德在讀了很多莎士比亞的劇作後，就全力模仿起莎士比亞的作品風格來，赫爾德爾覺得歌德的《鐵手騎士葛茲·馮·伯利欣根》用這種風格寫出的劇作完全掩蓋了歌德自身的才華，他把歌德的這個缺點直接地指了出來。

得不到老師的表揚，歌德很難過，但他又是一個願意接受批評的人，所以他很快就明白了自己的缺點，決心修改劇本。

儘管歌德的這部劇作沒有得到老師的認可，但卻受到了一位出版商的表揚，這個人就是達姆斯塔特城的陸軍參議默爾克。

默爾克是一位貴族出版商，他同時還是一位文學批評家。默爾克不是一個只知道把眼睛盯在錢幣上的平庸商人，他富於理解力和才智，學識廣博，對於德國近代文學造詣極深，又博覽各時代各國的通史與人文史，具有準確而敏銳的判斷力。他為人雖然尖刻，脾氣古怪，但本性善良正直，果敢可信。

1771年12月的一天，歌德在朋友施羅塞爾的邀請下，去參加了一次有趣的聚會。

參加這次聚會的都是喜歡文學創作的人，在聚會上，每人都朗誦了一首自己的詩歌。歌德朗誦了自己最滿意的作品〈五月之歌〉。當時這首詩歌還沒有出版，但和別人的矯揉造作的詩歌相比，歌德的詩新穎、脫俗。

默爾克先生就是在此時開始關注這位能夠做出不同凡響詩作的歌德的，他用自己一雙灰藍色的生氣勃勃的眼睛，笑瞇瞇地望著歌德。

歌德問身旁的朋友：「施羅塞爾，那個人是誰呀？他怎麼總是看著我。」

施羅塞爾拉著歌德走到了默爾克先生的面前，為他們介紹：「你好！默爾克先生，這是我的朋友歌德。歌德，這是達姆斯塔特城的陸軍參議默爾克先生。」

接著，施羅塞爾又對歌德說：「歌德，默爾克先生可是個很有名的出版商人呢，如果你的作品可以得到他的欣賞，那是再好不過的事。」

默爾克讚美了歌德的詩歌，又問他有沒有其他的作品。

歌德想了很久，才鼓起勇氣說：「我還寫了一部戲劇，是關於我國最後一代騎士葛茲的，可赫爾德爾先生認為它是個失敗的作品。現在，我正在修改它。」

默爾克很感興趣，問歌德可不可以送自己一部分稿子看看，他對歌德說：「你的詩都寫得那麼好，你的戲劇也一定不錯。」

默爾克還告訴歌德自己是先鋒派雜誌《法蘭克福學者報》的主編，並誠懇地要求歌德為自己的雜誌投稿。

在當時，《法蘭克福學者報》大都是文藝界的名流作家才能投稿的報刊，歌德覺得默爾克先生太看得起自己了。

默爾克很快就看完了歌德的部分稿子，他給歌德回信時用熱烈的語氣鼓勵歌德出版這本書，並說自己願意做歌德的出版商。

默爾克還建議歌德繼續對這部作品進行細心的修改，要求他注意把人物塑造得豐滿一點，默爾克說，這樣出版的書才會受到讀者們的歡迎。

但這時的歌德卻沒有想要出版的意思，他苦惱地給默爾克回信說：「可赫爾德爾先生把它說成一錢不值呢，我也覺得寫得很失敗，就算是修改完後，恐怕也不會是成功的作品吧？」

默爾克卻很看好歌德，他回信安慰歌德：「很多著名的作家，他們的作品都是修改了很多遍，才獲得成功的。一個人能不能成功，關鍵在於有沒有信心和毅力。你的作品已經表明你是一個有才氣的人了，相信自己吧！」

聽了默爾克的話，歌德開始認真地修改自己的作品，他不停地寫呀改呀，改呀寫呀，又再次花了幾個星期的時間才把稿子改好。

歌德將修改後的稿子寄給默爾克後，突然又一次對自己失去了信心。他想：「我修改得怎麼樣呢？默爾克還會那麼看好我嗎？唉！我總是讓別人失望，以前是赫爾德爾，現在是默爾克。也許這次他再也不會對我那麼有信心了。」

幾天後，默爾克再次回信了，他在信中大力表揚了歌德修改後的稿子，並要求歌德將出版的權利授權給自己，他想要立即出版這本書。

出版首部現實史劇

歌德有點不敢相信，他親自前往達姆斯塔特城找到默爾克，對默爾克說：「你真的決定了嗎，真的要將它出版？」

「當然，我是說到做到的，就看你的了。」默爾克很有信心地說。

「可是，如果出版以後得不到讀者該怎麼辦？」歌德還是很擔心。

「不會的，歌德先生，我相信只要有一個人看過它，他一定會向其他人推薦這本書的。到時候，你會得到很多的讀者，或者是整個德國，甚至是整個歐洲。」默爾克滿懷信心地說。

默爾克的信心也傳遞給了歌德，他點點頭同意正式出版。

不過，當時出版一本書可不是一件容易的事。從這一年的年底歌德將書稿拿給默爾克到圖書的正式出版，足足又過了一年多的時間，也就是 1773 年 6 月這本書才正式出現在德國的圖書市場。

為了使這本書能夠得到更多人的關注，在出書前，默爾克先生專門在自己主編的雜誌《法蘭克福學者報》上寫了一篇文章，向人們介紹它，這樣，當《鐵手騎士葛茲·馮·伯利欣根》書本還沒有正式發行前，人們就已經聽說它了。

當書正式流入市場後，這本書很快就賣完了，各個階層的人們都爭相閱讀，他們在茶餘飯後都議論著這部作品，他們都為年輕劇作家歌德先生的大膽、深刻的寫作風格所震動。青年們彷彿從書中看到一面「狂飆突進」的大旗，指引著他們走向自由的世界；老年人則反對其中對於暴力統治的歌頌；批評家們發表針鋒相對的批評文章進行討論。

歌德沒有想到自己的作品這麼受人們的歡迎，他覺得自己的成功都是拜默爾克先生所賜，他激動地找到默爾克，重重地握住對方的手說：「默爾克先生，讓我怎麼感謝您呢？」

此時，默爾克先生因出現盜版書，差點把本錢賠光，他正為沒能賺得更多的出版費用而著急。聽了歌德的話，他幽默地說：「歌德先生，只要你以後寫出的作品都讓我出版，就是對我最好的感謝了！」

歌德重重地握住默爾克的手，同意了他的要求。

《鐵手騎士葛茲·馮·伯利欣根》使年輕的歌德一舉成名，彷彿是一夜之間，他就變為德國家喻戶曉的人物。

到最高法院深造

歌德在加入當地律師協會不久，1772 年 5 月 25 日，又獲准進入韋茨拉爾德意志帝國最高法院深造。

韋茨拉爾是一個只有四五千人的小城，這裡並非最好的進修之地。只不過因為歌德的外祖父曾在這裡工作了 10 年，所以，他的父親便想讓他在這裡增進一些法律知識，以便得到晉升的機會。

可是，歌德對司法工作並沒有多大興趣。他到達這個小城後，大部分時間都是和當地的青年作家一起度過的，他參加青年作家們各式各樣的聚會，彷彿過起了第三次大學生活。

這年 6 月 9 日，歌德應邀到離韋茨拉爾兩里地的福爾佩特豪森參加舞會。在舞會上，他認識了聰慧而賢淑的女孩綠蒂·布弗。

當天，綠蒂穿著樸素的連衣裙，笑盈盈地走到歌德的面前，歌德覺得，她就像是一朵清新的春天的花朵。

朋友們向歌德介紹，在綠蒂 14 歲的時候，她的母親就留下綠蒂和 10 個年幼的弟弟妹妹病逝了。母親在臨終前把家庭重擔託付給綠蒂，要她好好照料父親，撫育弟弟妹妹，做弟妹們的「好媽媽」。綠蒂雖是次女，但他們的大姐卡蘿莉妮不善於料理家事，於是，年輕的綠蒂一個人就負擔起了 10 多口人的家事，並把家事料理得井井有條。

聽說了綠蒂的故事，24 歲的歌德馬上喜歡上了這位妙齡女孩，他熱情地邀請她跳舞，並和她愉快地交談，舞會結束後，歌德又得到了綠蒂的邀請到她的家「德意志館」做客。

歌德第二天就專門拜訪了綠蒂的家。歌德非常喜愛孩子，他很快和綠蒂的弟弟妹妹們成了好朋友，儘管歌德的法律辯護詞說得不好，但他卻會講很多有趣的故事，孩子們圍在他的周圍，和他相處得非常愉快。

歌德很快成了「德意志館」的常客，他幾乎每天都要與綠蒂和她的弟弟妹妹們見面，他希望每天都能見到自己心儀的女孩。

不過，歌德的這種愉快心情很快就被一件事破壞掉了。一天，當他再次來到「德意志館」的時候，綠蒂的家裡多了一位年輕帥氣的先生。

綠蒂拉著這位先生的手，高興地為歌德介紹：「歌德先生，請允許我向你介紹我的未婚夫克斯特納。」

歌德強忍著內心的悲傷和克斯特納握手：「你好，我是約翰·沃夫岡·歌德，很高興認識你。」

歌德真是難過極了，他沒有想到自己心儀的女孩竟是有男朋友的，他感到太意外了。

歌德為自己找了一個理由快速地離開了綠蒂的家，他決定從此後再也不見綠蒂了。

這時，歌德才發現自己已經深深地愛上了綠蒂，他一次次地提醒自己：「哦，不行，綠蒂是已經有未婚夫的，我還是不要去見她了。」

透過和克斯特納的交往，歌德發現，克斯特納是一個沉著、真誠、見多識廣、富於理智的人，他們很快也成為一對要好的朋友。歌德沒事的時候，常常和克斯特納愉快地交談。

在「德意志館」，雖然歌德名義上是綠蒂和克斯特納的朋友，但歌德卻又是克斯特納先生的情敵。歌德對綠蒂的戀情一天比一天熾烈，後來幾乎達到不能自拔的地步。善良的綠蒂看到歌德對自己的痴情，也非常難過，但她始終忠實於對克斯特納的愛情，她能夠給予歌德的，只能是友誼。

克斯特納也是個胸襟非常開闊的青年，他明知道歌德熱戀著自己的未婚妻，卻對歌德沒有一點妒忌、猜疑或憎恨，他始終尊敬歌德，同情歌德的痛苦。他信任綠蒂，真誠地愛著綠蒂，有時他甚至想到，讓綠蒂和歌德相愛，是不是比起和他結合更能夠使她幸福，但是想到失去綠蒂，他又感覺受不了。

歌德的心情更是複雜，他處在友誼和愛情、歡樂和痛苦、希望和失望相互交織的矛盾心理中，經過幾天幾夜的痛苦思考，歌德暗暗說道：「我不能再干擾他們的生活了，我需要換一個環境。」

9 月上旬的一天，歌德最後一次來到了「德意志館」，他和往常一樣與綠蒂和克斯特納愉快地交談，他們像平常一樣聊天，最後談到了關於人死後是否會還陽的事情上來。歌德向克斯特納兩人提議，他們三人中，如果有一個人先死了，要是可能的話，就要把另一個世界的生活告訴給活著的人。

綠蒂和克斯特納高興地接受了歌德的建議，他們並不知道這是歌德對他們夫妻告別前的最後要求。歌德在心裡默默地祝福他們：「親愛的朋友，衷心地希望你們永遠幸福！」

當天晚上，歌德給克斯特納和綠蒂寫了兩封信，第二天清晨就不告而別，在給克斯特納的信上，歌德寫道：

> 我走了，克斯特納，當您收到這封信的時候，我已走了。請將附的這張便籤交給小綠蒂。我很鎮定，但是你們的談話把我扯開了。此時此刻我只能對您說：祝您生活愉快。要是我在您處再停留片刻，我會抑制不住的。現在我只剩一個人了，明天我就走了。啊，我這可憐的人啊。

在給綠蒂的附籤上，歌德這樣寫道：

> 我當然希望再回來，但是天知道在什麼時候？綠蒂，妳的話是怎樣深深地墜入我的心底，我知道這是和妳最後一次見面了。不是那種最後一次，是我明天就要離開了。
> 我走啦！不知道怎麼會鬼使神差叫你們談到那個話題上去，講出我所感受的一切，唉，我在這裡所關懷的，是妳的手，我最後一次親吻了它；還有那間屋子，我將不再進入；還有妳那親愛的父親，他最後一次看著我走出門外。現在我獨自在這裡，我可以哭泣了；我讓你們幸福，我將留在你們的心中。我會再見到你們的，可是不是明天！告訴妳的弟妹們，我已經走了。
> 我不能再寫下去了。

在清晨臨走前，歌德又在寫給綠蒂信籤上添上幾句：

> 綠蒂，行裝已整理好。天亮了，還有一刻鐘我就走了。我忘不了妳為弟妹們分發麵包的情景。

綠蒂，在我沒有什麼話可寫的時候，我寫這些，請妳原諒。因為妳知道一切，知道我這些天多麼幸福。

我走了，去最親愛的人們那裡。但是為什麼離開妳？這就是我的命運。不管是今天，明天和後天，我大概不能再經常這樣開玩笑了。我是快樂勇敢的人。

親愛的綠蒂，妳比上百的人更幸福，只是希望妳不要對人冷漠。

親愛的綠蒂，我感到幸福的是，我從妳眼裡看出，您相信我永不會變心。

再見！一千次道別！

寫出傳世名著

歌德離開韋茨拉爾，沿著萊茵河徒步旅行。一星期後，他坐在了萊茵河畔科布倫茨附近一幢漂亮的別墅裡。

別墅的主人是一位剛成名的德國第一個女作家莎菲·拉·羅歇。她身旁站著 16 歲的大女兒瑪克西米莉安妮。

小安妮開朗的臉，白皙的皮膚，烏黑的眼睛。歌德一看見她，就想起綠蒂，歌德在自傳《詩與真》中回憶說：「兩個女兒跟我在一起。其中大女兒對我特別有吸引力。在舊的愛情還沒有完全消失的時候，新的愛情就萌芽，使人感到非常愉快。這正像剛在落日茫茫的時候，新月從對面出現，看見日月雙懸的兩重光輝而歡悅不勝那樣。」

歌德和小安妮相處了短短的 5 天，遺憾的是這個少女拒絕了歌德的追求，直至晚年，歌德還沒有忘記這位少女的黑亮的眼睛。

歌德回到故鄉法蘭克福後，重操舊業，從事律師業務。他雖然才華出眾，出口成章，但卻不是個打官司的能手。在唇槍舌劍的較量中，他沒有占到多少便宜，因此業務清淡。這倒給了他較多的時間從事他所喜愛的文學和繪畫，他寫了一些劇本、詩歌和理論批評文章，在法蘭克福的刊物上發表。

又過了一段時間，歌德在自己的家鄉法蘭克福的街頭意外地遇到了克斯特納。他們激動地擁抱了對方，彼此述說著分別後的情景，此時的歌德才徹底明白，自己雖然已經把對綠蒂的愛轉移到了 16 歲的小安妮身上，但他對綠蒂仍然沒有忘懷。

和克斯特納再次分別後，歌德開始去信克斯特納和綠蒂，他寄去大量的信件給綠蒂，向她傾訴自己的相思之情，求她不要忘記自己。他還在自己床頭的牆上掛著綠蒂的剪影，以便朝夕相見。

時間一天一天地過去，儘管歌德一次一次地向克斯特納述說著自己心中的矛盾與對綠蒂的愛，但克斯特納和綠蒂最終還是結婚了，歌德非常傷心，他沒有去參加他們的婚禮，而是選了一對結婚戒指送給這對朋友。

在克斯特納夫婦結婚後不久，從韋茨拉爾傳來歌德的另一個朋友耶路撒冷自殺的消息。

耶路撒冷是歌德在萊比錫大學時的同學，他身材中等，身體健美，圓長形臉，金發碧眼，常愛穿著藍色的禮服、淺黃色的背心和褲子，以及褐色的長靴。

畢業以後，他在駐韋茨拉爾的布隆斯維克公使館裡做祕書，和克斯特納是同事。他是一個很有才華的人，和劇作家萊辛很要好，萊辛很讚賞耶路撒冷的才華，常在自己編輯的報刊上發表耶路撒冷的文章。

他愛好文學和藝術，這方面和歌德的興趣相似，歌德去韋茨拉爾後，曾和他見過幾面。

耶路撒冷生性比較沉默憂鬱，好幻想，他的這種性格和公使館裡的官僚習氣格格不入。這個壓抑的孤獨青年常常深夜獨自在月光底下漫步，在一些悲劇中尋找自己的知己。他愛上了一位同事的妻子，就如同歌德愛上綠蒂一樣，自然是一個沒有結果的愛情。

在工作上、社會上、愛情上的處處碰壁，加上耶路撒冷的性格憂鬱而懦弱，他沒有像歌德那樣毅然地從不幸的漩渦中脫身出來，而是採取了消極的手段，借了朋友克斯特納的手槍，用一顆子彈結束了自己年輕的生命。

聽到耶路撒冷的死信後，歌德立刻寫信給克斯特納，對這個不幸的消息表示震驚。克斯特納回信將耶路撒冷失戀和自殺的詳細情形告訴了歌德。耶路撒冷的死成了一根點燃的導火線，引爆了歌德胸中埋藏已久的熾烈的感情，他跑到一個沒有人的地方，痛痛快快地大哭了一場，他一邊哭一邊想：「啊！我和耶路撒冷的遭遇是多麼的相似，難道失戀就真的那麼可怕嗎？難道只有用自殺才能解決這個問題嗎？」

歌德的心裡沉甸甸的，他覺得自己必須尋找一個什麼方式發洩一下，可是，他想了很久，卻一直找不到該用什麼方式平復心情。

就在這個時候，歌德的第一部作品《鐵手騎士葛茲·馮·伯利欣根》出版，默爾克先生與他見了面，希望他再接再厲寫出更好的作品。

默爾克先生的提議讓歌德精神大作，創作的激情又一次回到了他的身上，他要用手中的筆寫下心中的苦悶，他要以自己的親身經歷為背景，把自己深愛的綠蒂和朋友克斯特納，以及耶路撒冷的故事都寫進作品，他不停地寫呀寫呀，寫得手發痛、發酸，卻就是不肯停下來。一個月以後，歌德終於完成了他的第二部作品《少年維特的煩惱》。

這是一部自傳體和書信體小說，小說的情節是這樣的：少年維特到一座小鎮來處理母親的遺產，淳樸的農民和天真的兒童使他感到一種新的希望。

在一場舞會中，維特愛上了一個叫綠蒂的女孩，認為她體現了作為一個人的純真本性，但綠蒂無法與他結合，因為她早已和別人訂婚，這引起維特巨大的痛苦。

分手之後，維特又把幸福寄託在當外交使團的官員上，但是，他憎惡封建的官場生活，與周圍的環境格格不入，一場個人的災禍使他落荒而去。他又回到綠蒂那裡，這時綠蒂已決定嫁給別人，她不敢也不可能追隨維特那堅決而大膽的叛逆行為。

維特陷在愛情中不能自拔，他決定以一死求得感情的解脫。他前去向綠蒂訣別。在吟誦蘇格蘭詩人奧西安的〈塞爾瑪之歌〉時，他情感迸發，在狂熱中把綠蒂擁入懷中，發狂地吻她。

綠蒂莊重地拒絕了維特。他又愛又恨地對心愛的人說：「妳不會再見到我了。」

第二天，維特從綠蒂那裡借來了手槍，在房間裡自殺了。

歌德把這部稿子交給默爾克先生出版，正在排印的過程中，歌德又得知自己的心上人綠蒂做了母親的喜訊，他高興地寫信去表示祝賀，並要求克斯特納夫婦為自己的孩子取名為「沃夫岡」，因為，那是歌德自己的名字。

歌德還把自己即將出版下一部新書的喜訊告訴給了克斯特納夫婦，他在寫給他們的信件中說：「不久，我將給你們送來一位朋友，他和我非常相似，希望你們喜歡他。他的名字叫維特，他現在和過去都是……好吧，讓他自己來告訴你們吧！」

這一年 9 月，也就是歌德離開韋茨拉爾的兩年以後，《少年維特的煩惱》出版了。歌德沒有想到，這一本薄薄的小書，一經出版，便立即傾倒了成千上萬的讀者，歌德高興地給克斯特納夫婦也寄去了一本樣書，他想要好友和自己一起分享成功的喜悅。

但是，讓歌德沒有想到的是，儘管他的這本書得到了綠蒂弟弟妹妹的喜愛，卻影響了克斯特納夫婦的生活。因為，好奇的讀者們很快就打聽到了書中故事的原型人物，他們認為維特的自殺都是由於克斯特納夫婦間接造成的，各種流言飛語在克斯特納夫婦周圍傳開。

一向冷靜的克斯特納先生再也受不了了，他生氣地給歌德寫信，說歌德不應該用部分原名，以及在書中編寫一些不該有的情節。

歌德這才意識到自己的書對朋友造成的傷害，他立即為他們回信，一面解釋這是寫作藝術的虛構，不是真實事情的紀錄，一面央求克斯特納的原諒，他在信中這樣說：

> 親愛的憤怒的朋友，我必須立刻寫信給你們，我要解除我心頭的重負。木已成舟，書已經出版了，如果你們能夠原諒我，原諒我吧。我遲早會聽到，事實證明你的憂慮是多餘的，你也確實感到這本書是虛構和實事交織起來的。

親愛的克斯特納，你已經竭力使我的辯解站不住腳，我還能說些什麼呢？然而我心中還有很多的話想說，雖然我無法表達。我只好沉默，但是我必須依舊保留那甜蜜的預感，我希望永恆的命運會把我們比以往任何時候聯繫得更加緊密……

歌德把信寄出去後，焦急地等待著朋友的回音，他自言自語地說：「希望克斯特納先生可以不去理會那些流言，希望我們的友誼可以繼續。」

克斯特納先生果真原諒了歌德，他們的友誼恢復了，歌德感到無比幸福。

雖然歌德和朋友的友誼恢復了，可他的這本小書卻在外界引起狂風暴雨般的反響，圍繞這本書，毀譽交加，反對和讚美的聲浪一陣高於一浪。

在反對者中間，有的是惡毒攻擊，肆意詆毀，有的是善意批評，誠懇建議。最狠毒的批評來自一本正經的天主教會，他們認為《少年維特的煩惱》是一部「淫書」，並要求政府出面，禁止此書的發行。

封建反動當局，還利用手中的特權，採取禁售和沒收的手段，企圖將該書扼殺在搖籃裡。

在萊比錫等城市，政府明令禁售，違者處以罰金；在義大利米蘭剛出現《少年維特的煩惱》時，當地大主教便吩咐僧侶們在各地區把整版譯本都買去，然後偷偷摸摸地銷毀；而其他國家，如丹麥，也把它列為禁書。

但是，禁售和反對的聲音遠遠敵不過讚美的聲浪。《少年維特的煩惱》一出版，立刻風靡德國和歐洲，傾倒了一代青年，很快譯成英、法、意、西等 20 多種文字，有些國家還出版了幾種不同的譯本。

在青年中間掀起了一股狂熱的「維特熱」，他們穿上維特式的藍色燕尾服，黃色背心，講著維特式的話，模仿維特的一舉一動，也有極少數人甚至依照維特的自殺方式，一槍結束了自己的生命。

面對少數人的自殺事件，把《少年維特的煩惱》視為眼中釘的天主教會借題發揮，大肆攻擊。

有一次，英國主教布里斯托會見了歌德，布里斯托用非常粗野的態度質問歌德：「你知道嗎？你的『維特』使歐洲一些青年人模仿維特的樣子去自殺，這是你的罪過，難道你的良心沒有受到責備嗎？讓人走向自殺是不道德的，要受到上帝的懲罰和譴責的。」

歌德對盛氣凌人的主教大人毫不示弱，他即刻針鋒相對地反駁道：「你有什麼資格責備我？難道你的罪過還小嗎？我問你，有些大人物發動不義的戰爭，把數萬民眾送上戰場，一死就是八、九萬人，難道這不是殘暴的行為嗎？你為什麼不譴責，反而為他們歌功頌德，唱『頌聖詩』！」

「還有，你經常用地獄的懲罰來說教，讓一些膽小可憐的人精神失常，有的被關進瘋人院，過一輩子悲慘痛苦的生活。還有，你們用違反理性的傳統教義，讓人們以死去尋找天堂幸福，你說，你應該受到什麼樣的懲罰呢？」

停了一下，歌德又接著說：「至於對我的作品，你完全是曲解。你對一部被某些心地褊狹的人曲解了的作品橫加斥責，而這部作品至多也不過使這個世界甩脫十來個毫無用處的蠢人，他們沒有更好的事可做，只好自己吹熄生命的殘焰，我自以為這是替人類立了一大功，值得你感謝。」

歌德這一番話，說得主教大人啞口無言，布里斯托轉而變得對歌德彬彬有禮，他要求歌德想辦法勸阻那些為了《少年維特的煩惱》而模仿維特自殺的年輕人。

歌德也感到事情的嚴重性，他深感自己的小說受到了人們誤解。在《少年維特的煩惱》再次出版時，歌德在扉頁上題了一首詩，勸告青年人，不要效仿維特，這首詩就是著名的〈綠蒂與維特〉。詩的內容如下：

青年男子誰個不善鍾情？
妙齡女人哪個不會懷春？
這是我們人性中之至聖至神；
啊，怎樣從此中有慘痛飛迸！
可愛的讀者喲，你哭他，你愛他，
請從非毀之前救起他的名聲；
你看呀，他出穴的精靈正在向你目語：
請做個堂堂男子吧，不要步我後塵！

歌德希望人們看到這首詩以後，能夠從小說的情節中清醒過來，以此減少再步「維特」後塵的年輕人。

這本書是一本很平常的描寫三角戀愛的小說，為什麼竟然轟動一時呢？根據歌德自己的分析，這與當時的社會背景有關。

在當時，德國還是一個封建社會。人性受到壓抑，個性沒有解放，戀愛沒有自由，青年人受到各種封建觀念的束縛，他們的種種熱情得不到激勵，空有雄心難以幹一番事業，只能在精神空虛的生活中徬徨、感傷、厭世。當時的青年中已埋藏有厭世觀的炸藥，一觸即發。所以，這部小說受到精神苦悶的青年的熱烈歡迎。

對於歌德書中維特自殺的結局，不少卓有成就的知名作家卻多有微詞，德國啟蒙主義思想家、文學家尼古拉就是其中的一位，他在閱讀完《少年維特的煩惱》以後，寫了一本《少年維特的喜悅》來和歌德唱對臺戲。

尼古拉將歌德的結尾改成了當精神錯亂的維特準備自殺的時候，一個聰明的醫生偷偷地用一把裝著雞血的手槍換下了維特的手槍。結果便出現了自殺不成，噴了一身的雞血這一令人啼笑皆非的場面。後來綠蒂嫁給了維特，故事以大團圓結束，皆大歡喜。

歌德看到尼古拉居然篡改自己的作品，寫出這樣拙劣的作品，真是哭笑不得，他寫了一首很短的嘲笑詩〈維特墓前的尼古拉〉，又寫了一段綠蒂與維特對話的小劇，將尼古拉戲謔一番。

需要指出的是，儘管歌德的《少年維特的煩惱》遭到了各種禁止和議論，但這股熱浪不但在德國流行一時，還波及英國、法國、荷蘭和北歐諸國，在各個階層都產生了巨大影響。

文藝界的知名人物，像歌德的前輩、當時最負盛名的詩人克洛普施托克，對《少年維特的煩惱》也讚美備至，連叱吒風雲、戎馬半生的法國大皇帝拿破崙也對《少年維特的煩惱》十分喜愛，共看過 7 遍之多，在遠征埃及途中，拿破崙也不忘記把它帶在身邊。

《少年維特的煩惱》是體現「狂飆突進」運動實績的最主要作品，維特那種渴望擺脫時代一切束縛的叛逆者形象，同《鐵手騎士葛茨·馮·伯利欣根》一樣，也是「狂飆突進」運動中的一個英雄形象，被譽為「釘在十字架上的普羅米修斯」，成為世界文學史上一個不朽的典型。

在人們的毀譽聲中，26 歲的歌德一舉登上了世界著名文學家的臺階。

進入威瑪宮廷

歌德的劇本《鐵手騎士葛茲．馮．伯利欣根》引起轟動之後，他接著寫了不少的文章和作品，例如《論德意志建築藝術》、〈漫遊者的夜歌〉、《薩圖恩》、《戲劇協奏曲》、《眾神、英雄和維蘭特》、《歐文和埃爾米勒》和《牧師的信》，未完稿《浮士德》、《普羅米修斯》和《穆罕默德》等。

這些文章和作品有的還放在抽屜裡沒發表，有的發表了，也沒有引人注意。只有《少年維特的煩惱》給歌德帶來了世界性的聲譽。

隨著這部作品被越來越多的人閱讀，歌德的名字越傳越遠，他每天都會接到來自世界各地的來信，來信大都是讚美歌德的文章，這令歌德更加勤奮地寫作。

1774 年 12 月的一天，歌德正在家裡構思一部作品，他的母親推門進來告訴他說：「孩子，外面來了一位名叫克內貝爾的先生想要見你呢！」

歌德很奇怪，因為他從來就不認識這個人啊，他對母親說：「是怎樣的一位先生呢？」

母親說：「哦！他說是你的讀者。」

歌德最尊敬自己的讀者了，他馬上放下筆，去客廳會見客人。

客人見到歌德自我介紹說：「您好！歌德先生，我是威瑪公國的宮廷使者克內貝爾。我國公爵卡爾．奧古斯特君主從卡爾斯魯厄回威瑪，路過法蘭克福，現住在羅馬凱薩旅館內，我奉君主之命，特來『召宴』先生。」

聽說對方是宮廷使者，歌德立即請他入座。他誠懇地詢問克內貝爾：「可是，我和公爵並不認識呀？他為什麼要召見我呢？」

克內貝爾回答：「是的，先生，我國公爵很喜歡您的作品，他認為維特的死，社會是應該負有責任的，您的作品，從另一個角度來說，也是一部社會小說，因此，我國公爵很希望能夠和你詳談一次。」

歌德立即決定和這位公爵先生見面，他換了一身莊重的衣服和克內貝爾一起前往羅馬凱薩旅館。

歌德以為「召宴」就是召來赴宴，接見後會有宴席，可威瑪君主並沒有進餐室，反而下樓出門，坐上馬車上街去了。剩下歌德一人站在街上發愣，他沒有向君主行告別禮，卻見君主回頭向他詭祕地一笑。

歌德不明白到底是怎麼回事，他回家後便詢問見多識廣的父親。

他的父親卡斯帕先生解釋說：「真是個孩子，聰明一世，糊塗一時。所謂『召宴』就是口頭上的一句應酬話，並非真的宴請。」

歌德這才明白，原來是自己的無知，才鬧出笑話來，他心想：威瑪君主可能覺察出我的可笑行為，我真應該多多學習一些宮廷的禮節。

第二天，歌德在街上遇到了克內貝爾先生，他用和藹的態度對歌德講了上次召宴的事，並用委婉詼諧的口氣責備他行為的不妥。歌德一面感謝克內貝爾，一面請求他代自己向君主鄭重致歉，請其寬恕自己的過失，並希望再次得到公爵的接見。

過了幾天，威瑪君主又請歌德到旅館相見。當時這位君主剛剛執掌政權。歌德走進君主的房間，朝君主深深地鞠了一躬，然後抬起頭來，審視對方，正好與君主的眼光相遇，他們都笑了。

歌德本想與君主談詩歌小說，可靈機一動，忽然覺得這位剛剛執政的君主會對國家大事更為關心，憑著自己幾年來的律師工作經驗和閱歷，憑著自己的政治知識，能很好地發表一些政論。兩人沒有談上幾句，歌德就把話題引到治理國家大事上，他的精闢見解和論述，一下子贏得了這位天真的年輕君主的好感。

這位名叫卡爾．奧古斯特的公爵剛滿 18 歲不久，他才從自己的母親安娜．阿瑪麗亞手裡接過權力。安娜．阿瑪麗亞因丈夫早死，兩個兒子尚未成年，曾做了 16 年的攝政王。她是布倫瑞克 - 沃爾芬比特爾公爵和普魯士國王弗里德里希二世胞妹之女。威瑪公國由於依附普魯士，在 7 年戰爭中也跟著受害，承擔了不少軍費，多虧安娜．阿瑪麗亞很能幹，才渡過難關。

1762 年她任命封．葛茨伯爵負責兩位王子的教育工作。葛茨伯爵本人富有外交經驗，又聘請一批有才學的家庭教師和耶拿大學教授任教，因此，兩位王子均受到了良好教育。語言、文學、歷史、哲學、經濟、數學、騎術、鬥劍、戲劇表演和舞蹈等都曾學過。

進入威瑪宮廷

奧古斯特公爵初掌國政，雄心勃勃地準備做出一番事業，他對歌德如此豐富的知識感到驚異。他暗中思忖：這個人將是我的一個多麼好的大臣。而且，他看中歌德是一個獵趣的夥伴，一個極妙的感情解說者，因此他斷定沒有別的良師益友比歌德更有能力幫助自己成為一個成熟的統治者。公爵這麼想著，戀戀不捨地離開了法蘭克福。

1775 年 9 月，公爵和新婚夫人路過法蘭克福，他誠懇地邀請歌德訪問威瑪，歌德本來就想出去走走，也就愉快地答應了。因為公爵還有別的事情，不能和歌德一起回威瑪，他對歌德說：「我們要先走一步，下個月初我會派馬車和宮廷侍從來接你。」

歌德愉快地答應了。沒想到，歌德在等待公爵派車來的時候，卻出現了一點小小的麻煩。

原來，公爵派來迎接歌德的宮廷侍者並未在 10 月初如期到來，而歌德已事先向眾親友辭別，行裝都預置好了，在這種情形下，歌德只好暫居家中，埋頭創作計劃中的戲劇《埃格蒙特》。

等待，是一段難熬的時光，好多個夜晚，歌德都不能安心待在家中，他披著寬大的外套在街上閒游。

看到兒子焦急不安心亂如麻的樣子，歌德的父親卡斯帕先生髮了話，他說他看不慣小國君主那種派頭，也只有在法蘭克福這個小地方他才能獲得尊敬。他勸導兒子說，坐著馬車到威瑪那個邊遠的默默無聞的小城市去，不如去義大利旅行。

接著，卡斯帕又為兒子分析說：「上次召宴就是一種虛無的宴會，就是存心要愚弄人。這次的邀請恐怕也是一種空中樓閣，我很懷疑會有什麼使者和馬車來接的事。這很可能是一種惡作劇，是作踐和侮辱我們。我覺得，與其你在家傻等著，還不如馬上出去旅遊，這樣，也好避免親朋好友笑話你。」

歌德一直等到了 10 月的月末，終於接受了父親的建議，去義大利旅遊。他選擇了從海德爾堡到格勞本敦或提羅爾，再到阿爾卑斯山這條路線去義大利。

1775 年 10 月 30 日，歌德從法蘭克福動身，首先去了海德爾堡，恰在此時，因種種原因耽誤了行程的威瑪宮廷武官快馬加鞭趕到法蘭克福。當他們得知歌德已經外出，便趕忙送快信到海德爾堡將歌德截住。

歌德為自己的輕率和耐心不足而抱歉，他決心隨武官訪謁威瑪。歌德邁上了前往威瑪的豪華馬車，從此開始了新的生活，並永遠地離開了他的故鄉。

顯露政治才能

1775 年 11 月 7 日凌晨 5 時，歌德在內侍總管克內貝爾的陪同下，到達了威瑪。

威瑪是 1741 年建立的薩克森．威瑪．埃森納赫公國的首府。這個公國是當時德意志民族神聖羅馬帝國的 300 多個邦國中最小的邦國，面積約 55 平方英里，人口不過 11 萬。年國庫收入只有 6 萬塔勒，這相當於英國或法國一個地主的收入。因此威瑪公國經常入不敷出，寅吃卯糧，債臺高築。卡爾．奧古斯特公爵的祖父暴虐無道，大興土木，區區小邦，竟維持一支 4,000 人的軍隊。1748 年他去世時欠的債務高達 36 萬塔勒。

威瑪市就更是一個彈丸之地，居民 6,000 人，只相當於法蘭克福郊區薩克森豪森的人口。赫爾德爾稱之為「介於村莊和宮城之間的地方」。

初到威瑪，這裡的市容給歌德的印象很不好。入城的路是鄉間土路，連街道都談不上。城內房屋稀少，而且簡陋不堪。宮殿及其配房約占全城房屋總量的 1/3。兩年前宮殿失火，殘垣斷壁，煙燻火燎過的殘跡歷歷在目，更添幾分荒涼。

下車後，歌德暫住在克內貝爾矮小的府邸裡。

此時的歌德已經是全國知名的人物，他又是公爵請來的客人，因此，他的到來引起了威瑪的巨大轟動，不少人效仿他，穿上「維特服」。

初到威瑪時，歌德主要是陪著卡爾·奧古斯特公爵玩耍。年輕的公爵先生有著火山一樣的氣質，行為放蕩不羈，喜愛運動和文藝，但缺乏政治家的風度和統治國家的經驗。他邀請歌德來威瑪，並不是真正了解和看重這位詩人的天才，更多的是想找一位遊樂的夥伴。

歌德和公爵朝夕相處，幾乎形影不離。在開頭的兩個月裡，他們經常騎著烈馬，跋山涉水，外出狩獵，晚上就在曠野裡露宿，有時生起一堆篝火，和鄉村女孩們翩翩起舞。

冬天湖面結冰，威瑪人還沒有時興溜冰，歌德帶頭在冰上施展飄逸瀟灑的舞姿，一時間，在「天鵝湖」上溜冰成了上流社會人士時髦的娛樂。有時候，在湖上點燃火炬和燈火，點放煙火，奏起音樂。一些貴婦人乘著冰橇，在喧鬧的湖面上來回疾駛，她們的臉上戴著假面具，恣情嬉笑，就像是在過狂歡節一樣。

歌德以他的才華、風度和青春的活力不僅征服了年輕的公爵，也使宮廷圈子裡的不少人為之傾倒，奧古斯特公爵的母親阿瑪麗亞女公爵熱愛天才，歌德的才能令她折服。

實際上，歌德表面上是陪著奧古斯特公爵玩耍，私底下，他卻在認真地觀察威瑪的政治情況。他要弄清威瑪公國各方面的事情，要把周圍的大臣、貴族的情況弄清楚，以便決定他今後的從政行動。經過近 3 個月的了解，他已經把情況掌握了。這時他腦子裡轉著一個大問題：留在威瑪，還是離開？

歌德需要把這個重大決策想清楚。聖誕節時，他暫時撇開公爵和宮廷生活，跑到遠郊的山村裡，過幾天寧靜的生活，把問題好好地想一想。

顯露政治才能

歌德反覆地思考著去留的利弊。他認為，奧古斯特公爵是重視自己的，還有鄰近的艾澤納赫公國的君主也重視他，他們會讓他參與政權工作的。歌德還設想了一個治國的綱領，有信心把這裡治好。經過一個半月的思考，他終於做出決定：「我要以最直接的方式參與一切宮廷的和政治的事務。」

在山裡，歌德一封封地給君主寫信，在信中講解一些有趣的故事和親切的問候。他在信中有意地講了一個《聖經》中的故事：描寫上帝毀掉了一個國家，毀掉了這裡的一切，趕走了居民，那些快快活活的人們如今都發出痛苦的呻吟。暗示作為君主的公爵應該管好國家大事，不要讓黎民百姓遭受痛苦。

有一天，歌德覺得自己應該詢問公爵是否決定留下自己的問題，他便向公爵寫去了一封辭行的信。

公爵很快就回信了，他在信中對歌德說：

> 歌德博士，我真誠地懇求您，回到威瑪來，不是作為客人，而是作為大臣。希望您答應我的請求；幫助我治理威瑪。
>
> 永遠愛你的奧古斯特

歌德終於從山村返回到威瑪市，公爵知道歌德回來的消息，想盡辦法要把他留下。歌德在威瑪沒有職務，也沒有工薪，而他父親也不給他分文，公爵便一次又一次地給他送錢用，並給歌德在伊爾姆河畔買了一套帶花園的房子，讓他住下，請求他幫助料理宮廷事務。

歌德當然非常願意留在威瑪，因為他覺得留在這裡比待在自己家當律師要好得多，他給自己的朋友寫信說：「我大概將留在這裡，盡我之能做一些事情，逗留時間的長短只好聽從命運的安排。哪怕只有幾年時間，也總比待在家中雖有志向而無所事事要好得多。在這裡，我的地位夠優越的了，現在該我來認識一下這塊土地了，只是這就已經給我帶來了許多歡樂。公爵也因我的到來而熱愛工作了，而且，由於我完全了解他，我對許多事情都毫不擔心。」

歌德建議奧古斯特公爵，讓把具有自由思想的狂飆運動的主將赫爾德爾牧師請來做本區的主教。君主不顧這裡大多數僧侶的反對，馬上就答應了。

此時，歌德的心裡隱藏著魔鬼普羅米修斯的宏偉計劃。他要把威瑪小君主造就成為大人物。他要在公國內建立巨大的功業。他要用自己的全部才能和智慧去奮鬥。

1776 年 6 月，奧古斯特公爵和大臣們討論讓歌德以公爵私人顧問的身分作為樞密參事正式參與威瑪國政。

這可氣壞了宮廷中的一些老大臣們，因為歌德雖享有文名，但究竟有沒有處理行政事務的能力尚不可知，而且歌德還不是貴族，他怎麼能夠擔當這個職位呢？但宮廷年輕的貴族們卻非常支持公爵的決定，他們寄希望於歌德大展宏圖，改變其時死水一潭的政治局面。

這樣一來，在威瑪中樞領導機構中形成了兩派：少數派擁護歌德，主張建立新的制度；多數派都是老貴族，他們以首相馮·弗里奇為首，堅決維護傳統的保守的政治制度。老首相對任命歌德為樞密顧問官提出抗議。他向公爵提出，如果讓歌德參加樞密會議，他就辭職。

在這兩難之中，奧古斯特公爵聽從了母親的教導，對這位父輩的老臣進行勸說，要求他留下。

為此，公爵解釋說：「歌德博士雖然不是貴族，可他有處理事務的才能，如果不把一個天才人物放到能發揮他的才能的位置上去，那就是糟蹋人才……世人反對我把歌德博士安排到我的最重要的樞密院去工作，說我不考慮他以前既非行政官員、教授，又非宮廷職員或政府職員。世人的這種反對是根本不會改變我的決定的。他們的反對是出於偏見，但是我和每一個願意履行自己義務的人一樣，並不是為了得到榮譽幹事的，而是為了對得起上帝和自己的良心。」

經過公爵和其母親的調解，弗里奇首相終於收回辭呈，答應與歌德一起共事。

實踐表明，歌德並沒有辜負公爵的厚望，他雄心勃勃地投入到新的工作當中。在這期間，他在給好友的信中說：「如今，我已經嘗到宮廷生活的滋味，現在我還想對治國安邦之事一試身手，並這樣幹下去。」

歌德分管的工作是多方面的，大到參與巴伐利亞王位繼承、戰爭時期歐洲宮廷之間的高級政治談判，小到制定防火條例，重新開發關閉的銅礦和銀礦。

最初，歌德並沒有具體的工作範圍，只不過是公爵的私人顧問。這年 9 月以後他才成為正式的樞密顧問官，掌有實權。

同年 11 月 1 日，歌德在自己的花園中種下一棵菩提樹，賦詩一首，題名〈希望〉，詩的內容如下：

希望自己的工作有所成就，碩果累累。高貴的幸運，請你讓我完成手中的日常工作！別讓我耗得筋疲力盡！這並不是空虛的夢想：這些樹木，現在是木樁，將來總會結實而成蔭。

歌德用詩勉勵自己，把手中的每件工作都做得有聲有色。公爵對他更有信心了，讓他擔任了更多的事務工作。

歌德本來就想做一番事業，所以他辦事極其認真。他親自下去訪貧問苦，體察民情。他的足跡踏遍了整個薩克森。在埃爾富特附近的阿波爾達發生大火，他聞訊後立即趕往出事地點指揮救火，他在救火中被煙燻火烤，眼睛感到灼痛。大火燒了一天才被撲滅。他向公爵提出了他擬定的防火條例。

伊爾姆河和薩勒河泛濫，歌德又匆匆趕往耶拿去處理水災。他真正關心人民疾苦，全心全意地為他們工作。在頭 4 年，他的工作很有成績。在他的領導下，廢棄了 40 年的伊爾梅瑙礦區，恢復了銅礦和銀礦的開採。1777 年 11 月他去視察了哈爾茨山礦區，然後組織了專門的領導團隊 —— 礦業部。

1777 年以後，他先後擔任軍備大臣和築路大臣，從此在威瑪公國各地奔波，招募和裝備新兵，統領全邦 500 多名士兵從事警衛和聯絡工作，主管邦內的道路建設以及防洪和水道設施的建設，不久又接受委任，監督紡織品的生產，調查各地地質狀況，組織木材貿易等。

兩年後他主管威瑪市的城市建設工作，負責修築全城的人行道和重建被大火燒掉的王宮。

歌德陷於各種事務之中，他確信只有堅持才有成功的希望，他在日記中寫道：「繁忙的壓力對我來說是件很美的事。人最大的痛苦就是無所事事。如果一個人無所事事，即使生活再富裕，也會覺得厭煩的。」

歌德的努力得到了公爵的獎勵，在他年滿 30 歲的時候，公爵提拔他當上國防大臣和公共事務大臣，這可是一個平民能夠達到的最高的職位了，歌德在接受新的任命後說；「真像做夢一樣，在我 30 歲的時候，我得到了一個德國公民能夠達到的最高職位。」

為了表示感恩和祈求神靈，歌德在威瑪公園樹立了 3 位神靈的紀念碑：在公園的中心位置樹立希臘神話中管理幸福與機運的女神提賀的紀念碑，希望她能給人們帶來好的機運，使人們獲得幸福；提賀的右邊是羅馬神話中守衛邊境的神，希望她能給人們帶來和平和安寧；提賀的左邊是高擎火把、照亮人間的天才女神，希望她給人間帶來智慧和才華。

歌德當了國防大臣和公共事務大臣，才真正地掌握了實權。他想要打破沿襲的舊制度，進行新的改革，確確實實地發揮自己的力量。

歌德的得勢，使老首相弗里奇有大權旁落的失落之感。他對歌德的飛黃騰達無可奈何，只有暗中嫉恨而已。老首相這時寫了一部著作，在書中猛烈攻擊了歌德的《鐵手騎士葛茲·馮·伯利欣根》，藉以發洩他的怨怒和憤恨。歌德看了，一笑了之。他不願意加深和這位老臣的矛盾，極力採取寬容忍耐、遷就妥協的態度。

1782年，卡爾·奧古斯特公爵為歌德向皇帝約瑟夫二世申請貴族稱號，這一年6月3日，歌德接受了皇帝頒發的貴族證書，成為一名功勛貴族。這就意味著，從此歌德有資格在自己的姓氏前面加上一個貴族的標誌。

公爵的這一舉動把一些世襲貴族激怒了，他們表示激烈反對，並向社會各界散播各種中傷歌德的話：「一個法蘭克福市民階層出身的人竟然擠進了貴族的行列，和我們平起平坐，叫我們這些生來就是貴族的人怎麼嚥得下這口氣？」

但是，公爵非常信任歌德，他的讚揚令歌德很滿足。這一年，公爵又任命歌德為財政大臣，掌管公爵以及群臣的預算，自此他大權獨攬，成為公國內極具政治影響力的人物。

第二年，歌德搬到了公爵賜予的位於弗勞恩普蘭大街的寓所，這是他來威瑪的第八個年頭。儘管他不願意離開更靠近森林、河流和星星的伊爾姆河畔，但公爵覺得只有弗勞恩普蘭大街的房子才配得上歌德貴族的身分。

在從政期間，歌德認真地研究了威瑪軍事、法律、國家情況、居民生活情況和各種政策。接著在樞密會議上提出他的政策方案，他大膽地提出：威瑪國應該與一些小公國結合成君主聯盟，來對抗普魯士和奧地利兩大國對它們的欺壓。

然而，歌德的這些建議遭到了公爵的反對。軟弱的威瑪君主就連普魯士國王要強行在他的境內徵兵，他都不敢反抗，他用什麼來贊成歌德的方案呢？

歌德究竟是位詩人，具有詩人的敏感、道德和同情心。他因工作需要，常到各地視察。他在視察哈爾茨山時，目睹了農民的貧困和慘境，深感憂慮。農民都是些老實人，「勤勞和儉樸」。但是他們太窮了，窮得連鈕釦都買不起，工作服沒有鈕釦，而用自製的皮帶繫著。農民住的是草房，一旦著火，等不到救火的人趕到那裡，房子已燒成廢墟。歌德主張為他們改建磚房，但是農民沒有錢買磚。即使有錢，磚瓦廠也造不出那麼多磚瓦來。

另外，農民還缺少耕畜。根據牧場法，佃農和地主有權讓農民毀掉價值低的牧場，而不是去改造它。歌德眼見到這種陳規陋習，目睹這種不合理的封建制度，卻無能為力。奧古斯特公爵秉承其祖父的打獵愛好，經常出獵野豬，使田地荒蕪，歌德常勸誡公爵，多次與公爵發生爭執，但沒有用。

阿波爾達是威瑪公國唯一的工業區。這裡有紡織工場。歌德看過後寫道：「織襪工從新年彌撒以來，一直靜靜地待在 100 把椅子上。工場手工業同業公會幫不了忙。這些人一年到頭真可憐，為了餬口呀。」

為了解決國計民生問題，歌德採取了發展生產、厲行節約的措施。他要求削減捐稅，減少軍費支出。1784 年 7 月 6 日，他在伊爾梅瑙修訂稅務法。同年 11 月 30 日向公爵提出報告，談到荷蘭聯合共和國向威瑪公國借兵之事。

但是，公爵不可能也不願意支持歌德採取的政治和經濟改革措施。儘管如此，歌德仍努力地要管好這個國家，只是他突然有了身心疲憊的感覺。

創作愛情詩歌

在威瑪，當歌德工作不順心的時候，他就會去夏綠蒂·馮·施泰因夫人的家，那是一位對歌德的一生有極大影響的女性。早在歌德來到威瑪的一週後，他就認識了這位朋友。

施泰因夫人比歌德大 7 歲，父親是威瑪內廷總監，她 16 歲時成為威瑪公國女攝政安娜·阿瑪麗亞的宮廷女官，22 歲時由父母包辦嫁給了出身貴族、擔任宮廷御馬監、長得一表人才的約阿西斯·馮·施泰。結婚後 11 年內生了 7 個孩子，其中 4 個夭折，留下了 3 個兒子。

施泰因夫人喜歡穿白衣素服，披一頭黑髮，是並非出眾的美人，但其多才多藝，能歌善舞，精通音樂，善於鑑賞詩歌，畫也畫得不錯。只是由於體弱多病，長得不夠豐滿。加之她與男爵的婚姻又缺乏感情基礎，便形成了愁怨少婦的模樣。這和歌德以前見識過的少女形象大不相同。兩人第一次見面，歌德就為她的冷豔所吸引，他覺得這位半老徐娘也另有一番風韻，尤其是施泰因夫人對他的無微不至的關懷，更顯出女性的溫柔賢惠。

1776 年 1 月 8 日，歌德給她寫了第一封感謝信，謝謝她送來了香腸。20 天後，他在信裡已稱呼她「親愛的天使」。以後他甚至稱呼她「我的姐姐」、「我的母親」和「聖母」了，施泰因夫人成了歌德在威瑪的最知心的朋友。

歌德的好友知道歌德正與一個有夫之婦交往，便時時提醒他，警告他不要沉迷下去，但歌德深陷其中不能自拔。從他們認識的第一天起，他們兩人幾乎天天見面，並經常在一起用餐，歌德還幾乎天天寫信給她。

施泰因夫人與歌德的這種依戀感情不同於歌德先前認識的那些女性朋友，無論是熱烈的小安妮特、深情款款的弗里德莉克，還是理智的綠蒂，她們都讓歌德感到心中內在的壓力，而這位比他年長的已婚女性卻對他沒有任何要求。他們在一起朗讀歌德喜愛的荷馬詩篇和史賓諾沙的作品，她為他謄寫草稿，彼此融洽無間。

歌德寫信給好友解釋說：「這位夫人對我的重要性，對我具有的力量，我無法另作解釋，只能說是由於輪迴。是的，或許我們前世是夫妻，現在我們互相了解了，卻蒙在幻霧裡。」

歌德的內心非常矛盾，他深愛著施泰因夫人，但她又是比他年長的有夫之婦，為此，他們之間的愛情不像歌德以前與其他女孩之間的愛情那麼純潔、熱烈，他必須理智和冷靜地對待。

這位天才的詩人由於感情的激發，為施泰因夫人寫了大量的情詩，這些詩歌相當於歌德為以前的女友寫的情詩之總和，著名的〈你為何賦予我們慧眼〉就是其中的一首：

> 你為何賦予我們慧眼，讓我們充滿預感地看到我們的未來，讓我們在幻想之中認為永不會獲得幸福的生趣和幸福的愛？
> 命運啊，你為何給我們這種感覺，讓我們互相看出對方的心事，
> 讓我們從一切奇妙的紛繁現象中，看出我們之間的真正的關係？
> 唉，有多少人糊塗地行事，他們並不了解自己的內心，沒有目標，蕩來蕩去，無望地在估計不到的痛苦中疲於奔命。可是當那意外的曙光突然間帶來喜悅，他們又發出歡呼。

只有我們，相互之間的幸福，卻不讓我們這一對可憐的情侶，只管相愛而不互相了解，別看到對方過去所無的情況，而只要老是追求夢幻的幸福，即使在噩夢之中也兀自徬徨。

沉溺於空虛之夢的人很幸福！懷著空洞的預感的人是福人！而我們的現狀和眼力，真不幸，卻更使我們的夢和預感有確證。

說吧，它怎麼把我們緊縛在一起？唉，在前世裡，妳大概是我的姐妹或者是我的妻子。妳了解我的性格的每一個特徵，妳聽出我心弦的最純的聲音。

任何凡人的肉眼都難以看透我，
而你，卻一眼就能夠看得分明。
你給我的熱血滴注清涼劑，
你指引我脫離狂亂的迷途，
躺在你那天使一般的懷中，
我的破碎了的心會獲得康復。
你像使魔術一樣把他拴住，
讓他糊塗地度過好些日子。
有什麼幸福可比那歡樂的良辰，
那時，他躺在你腳邊，滿懷謝意，
感到他的心緊靠你的心而振奮，
感到他自己在你的眼前很愉快，
他的一切感官都豁然開朗，
他的沸騰的熱血平靜下來。
但儘管如此，在我毫無把握的心靈的四周，雖還有回憶飄動，
真實的往事永遠銘感於心，
新的情況卻產生無限苦痛。
我們現在就像是半死不活，

最亮的晝光也顯得昏暗模糊。

但願折磨我們的命運，不會使我們改變，這才是我們的幸福！

在愛情的培育下，歌德這一階段所寫的抒情詩，藝術上更加純熟，特別是他在 1776 年至 1778 年間所作的〈對月〉更是一首極為優美的月光詩。它從孤寂而聯想到友誼，把對女友的愛與對大自然的愛融為一體。感情充沛，詞句簡潔，為人們所喜愛，被譽為德國抒情詩中最優秀的傑作。後來，「歌曲之王」舒伯特等為之譜曲，傳遍世界。〈對月〉的詩文部分內容如下：

你使幽谷密林注滿了霧光，
你使我的心靈再一次解放；
你用慰藉的目光照亮我的園邸，
就像摯友的眼光憐我的遭際。
哀樂年華的餘響在心頭縈繞；
我在憂喜中徬徨，
深感到寂寥。
流吧，可愛的小溪！
我永無歡欣，
嬉戲、親吻都消逝，
更何況真情。
但我曾一度占有可貴的至寶！
永不能置之腦後，
這真是煩惱！
喧響吧，莫要停留，
沿山谷流去，

流吧，和著我的歌，
鳴奏出旋律，
不論是你在冬夜，
洶湧地高漲，
或是你繞著幼蕾，
掩映著春光。
福啊，誰能無憎地躲避開塵網，
懷裡擁一位知己，
共同去欣賞。
那種不為人所知，
所重的風流，
在胸中的迷宮裡做長夜之遊。

歌德對施泰因夫人的愛不僅表現在為她撰寫詩歌上，他還以她為原型創作了戲劇《在陶里斯的伊菲革涅亞》。

伊菲革涅亞是古希臘神話中特洛伊之戰希臘聯軍統帥阿加曼農的女兒。歌德覺得施泰因夫人身上那種憂鬱的沉思，那忍受痛苦的精神，那捨己助人的善良品格跟這個人物很像。

歌德筆下的《在陶里斯的伊菲革涅亞》寫的是阿加曼農統率希臘聯軍攻打特洛伊，在海上遇到大風，為求神保護全軍安全，許願將女兒帶到奧利斯向狩獵女神黛安娜獻祭。伊菲革涅亞被黛安娜女神掠至陶里斯島做女神的女祭司。阿加曼農凱旋回家後遇害，他的兒子奧瑞斯特為了替父報仇，被復仇女神到處追逐。

根據神諭，他只有到陶里斯島取得狩獵女神黛安娜的神像才能獲救。這個島國不准島外的人進入，偷入者將被作為犧牲獻給女神。奧瑞斯特踏上海島即被擒，被送往女神廟後，姐弟相逢。伊菲革涅亞作為女祭司，必須主持這種以人為犧牲的儀式。她以高貴仁慈的言行感動國王，使國王廢除了這種殘忍陋習。

國王向伊菲革涅亞求婚，希望她成為自己的王后，但被伊菲革涅亞拒絕。國王又要拿她的弟弟當作犧牲，伊菲革涅亞又一次以自己的善良和真誠感動了國王。最後，國王放伊菲革涅亞兄妹返歸故鄉。

歌德的《在陶里斯的伊菲革涅亞》是繼萊辛作品《智者納坦》之後表現了絕對人道主義理想的力作，他想借伊菲革涅亞在祭壇上救出即將被殺死用來祭神的親弟弟的故事，揭示出人類的天然關係和高尚的感情，喚醒觀眾的天良和人性。這本劇目與「狂飆突進」運動鼓吹的叛逆精神大相逕庭，是歌德從「狂飆突進」運動時期的天才主義走向人道主義的代表作。

此時，歌德的國務活動很忙，他不能安下心來寫作。他在創作《在陶里斯的伊菲革涅亞》時，為了排除各種干擾，在他創作的 6 個星期內，特地請來音樂師演奏給他聽。

歌德說：「那些美好的聲音終於逐漸地把我的靈魂從記錄與文件的枷鎖中解放出來。隔壁的那個綠色的房間裡，正在演奏著四重奏，我傾聽著，悄悄地招引來一些遙遠的形象。」

《在陶里斯的伊菲革涅亞》裡的人物形象就是這樣誕生在歌德的筆下的。

歌德將這部作品完成之後，首先將它拿給奧古斯特公爵閱讀，公爵看完後高興地說：「啊！這是多麼動人的劇本呀！我們應該立即上演它。」

歌德很高興地張羅起來。一次，歌德出差去萊比錫，見到了他大學時代就熟悉的女歌手和演員克洛娜·施羅特。

當時的克洛娜已是一名著名的歌劇演員，她長得苗條、端莊、樸素迷人。皮膚光滑白嫩，栗色捲曲的長髮披肩，愛穿白色短袖襯衣，深具浪漫情調。克洛娜多才多藝，不僅擅長表演，而且長於繪畫和作曲，她還通曉多國語言，歌德對她非常愛惜。

1779 年秋天，歌德將克洛娜邀請到威瑪，聘請她為宮廷歌手。之後，他們一起在威瑪劇院演出了歌德的劇目《在陶里斯的伊菲革涅亞》。

演出時，歌德穿著古希臘式的白色短長衫，像古希臘神話中的阿波羅，雄健優美。克洛娜出演歌德的姐姐伊菲革涅亞，她穿著女祭司穿的長袍，莊重素雅，很像古希臘的女神。歌德和克洛娜兩人的精彩表演，博得觀眾熱烈的掌聲和喝彩。

隨後，歌德又將自己以前所作的劇目《同謀犯》、《哥哥和妹妹》等一一搬上了威瑪劇院的舞臺。

由於公爵在某些政治方略上不能和歌德達成共同意見，歌德便把威瑪劇院看成是他施展藝術才能的地方。為了使威瑪劇院成為一流的劇院，他對劇院的建設、演員的培養、演出的效果都極為關心。但因為演戲的緣故，歌德很多時間都與克洛娜相聚在一起，這樣就冷淡了他的另一位女朋友施泰因夫人。

歌德徘徊在這兩個女人之間，他經常對施泰因夫人讚美克洛娜的種種好：「克洛娜真是一個天使。」他的這些話令施泰因夫人很反感，任何一個女人都會為另一個比自己優秀的女人吃醋，為此，歌德和施泰因夫人的友誼出現了一段時期的裂痕。

後來，施泰因夫人根據和歌德的這一段經歷創作了一部悲劇《蒂朵》，借古諷今，嘲罵歌德。蒂朵是迦太基女王，艾尼亞斯在特洛伊滅亡後，投奔到她處，她盛情接待並跟他結婚，但後來艾尼亞斯卻拋棄了她，前往義大利，迫使蒂朵自殺。

知道歌德和施泰因夫人的人一眼就能看出，這部悲劇的諷刺對象是歌德。其實，歌德並不是一個如劇本中艾尼亞斯那樣的負心郎，他對施泰因夫人的尊重始終藏在心中。

在歌德和施泰因夫人交往的這段日子裡，歌德和這位女性朋友之間，終究沒有做出出格的事情，這裡面，一方面源於施泰因夫人極富教養，懂得節制自己的感情；另一方面，歌德和這位夫人的丈夫同是宮廷官員，歌德也懂得尊敬自己的同事。在這一件事情上，有歌德的一位好友的證詞為憑：

> 她確實是一位富有特性的有趣的人物，我很了解歌德為什麼那樣依戀著她。她談不上漂亮，不過她的臉上有一種溫柔端莊的表情，流露出相當獨特的坦率。她的性格中具有健康的理智、真實和感情。
>
> 她從歌德那裡收到 1,000 多封信，特別是在歌德出差的時候，他每星期都寫信給她。大家說他們的關係是完全純潔的，無可指責的。

探索科學奧祕

歌德在威瑪從政 11 年期間，把主要精力放在管理國家大事上，但也進行了一些文學創作和科學研究。他研究過地質學、礦物學、植物學。

1777 年，歌德被公爵任命為伊爾美瑙礦總監一職，他每次到礦區視察，總是隨身帶著錘子，採集岩石標本。

有一次，歌德又得到一個到礦區視察的機會，他高高興興地帶著人出發了。

當他們來到了一個山腳下，歌德發現一個危險的斜坡上有一塊美麗的石頭，那是一種表面藍黑色的原始花崗岩，想要採集到它是一件非常不容易的事。

歌德太想得到這塊岩石了，他叫來同行的一個年輕人和自己向山上爬去。可是，他們剛爬到一半，由於山勢險峻，那位年輕人就打退堂鼓了。歌德說：「就算是摔斷了腿，我們也要將這塊石頭採到，這真是一塊難得的寶貝，要知道，我們兩人是在做一件很偉大的事情呢！」

最後，歌德踩到年輕人的肩膀上，終於摸到了那塊石頭，用錘子敲擊下了那塊岩石。

在歌德身下的年輕人嚇得雙腿直發抖，直至歌德從他的肩膀下來後，他才敢擦了一頭冷汗，問歌德：「先生，我實在不明白，您什麼都有了，為什麼要這麼拚命地去採集一塊石頭呢？」

歌德摸著手中的花崗岩說：「我就是為科學和藝術而生的，這塊石頭雖小，但它卻具有很大的研究價值啊！」在威瑪生活的日子裡，歌德在科學上不僅有對岩石的研究，還在人類骨骼方面有所發現，而這個發現與他喜歡的繪畫有關。

歌德從幼小就喜歡畫畫，在萊比錫又跟美術教授奧塞爾學過繪畫知識和技巧，他畫出來的畫，雖然不像他寫的詩那樣精彩，但也看得過去。到了威瑪，每當他感到疲勞或心煩意亂時，就以繪畫為興奮劑或鎮靜劑。有時他整天畫畫，主要畫大自然的風景。

他提倡人們去學繪畫，因此，他特別關心威瑪美術學校。當他得知美術學校的一些老師和學生不懂解剖學時，就想給他們開這門課程。歌德在萊比錫學習過解剖學。為了開好這門課，他又跑到耶拿大學複習解剖學，像學生一樣坐到教室去聽課。

一次，歌德去實驗室的時候，正趕上一場關於人的屍體的解剖，他參加了整個的解剖工作。

這時，歌德忽然想起一個科學命題，就是一些學者認為人與動物頭骨的區別，就在於人沒有顎間骨；另一些學者反對這種看法，認為人也應該有顎間骨，只是還沒被發現。

這之後，歌德又在實驗室裡找到了猿猴的顎間骨，他還意外地發現了人的骨頭和猿猴的骨頭有很多相似的地方。

帶著這些疑問，歌德的腦中立即產生了一個奇怪的想法，那就是人的模樣最初應該是和動物差不多的，只是隨著時間的推移才進化成現在的樣子的。

歌德把自己的想法告訴一個學醫的朋友，這位朋友被歌德的想法嚇了一跳，說：「這怎麼可能！人是上帝按照自己的模樣創造出來的，怎麼可能是由動物演化而來的呢？你這樣說可是對上帝的大不敬呢！」

不能得到朋友的贊同，歌德只好給威瑪的赫爾德爾寫信，他的信中說：「赫爾德爾先生，您一定沒有想到，我在耶拿大學的實驗室裡發現了一樣東西，它不是金子，也不是銀子，而是人的顎間骨啊！我激動地把人的和獸的頭蓋骨作了比較，看到了它們之間的關係，因而發現，這就是問題之所在！我請求你現在千萬別聲張，因為事情必須保密，這必然使你也十分高興，因為這顎間骨恰似使人最終變成人的最後那塊石頭一樣，沒錯，一定是它！多有意思。」

後來，歌德又親自寫了一篇《論人類與動物的頜間骨》的論文來說明自己的發現。

但歌德的論文遭到了解剖專家們的反駁，他們對歌德的發現不屑一顧，他們說：「這個荒唐的想法只是詩人的妄自猜想，人怎麼可能有顎間骨，又怎麼可能和動物的骨頭相似呢？我們人類天生就是這個樣子，怎麼可能是從動物進化而來的呢？我們是專門解剖研究人體結構的，都沒有發現這些問題，歌德只是一個外行，怎麼可以胡扯一通呢！」

所有的人都反對歌德的觀點，歌德卻覺得自己一生中最幸福的時刻就是做出了科學發現的那一剎那。

直至一個世紀以後，達爾文的發現證明了歌德的觀點，後來的科學家們都非常佩服當年歌德的驚人才能。

收獲旅遊的樂趣

轉眼間，歌德在威瑪已經生活了 10 多年了，他最初想要把卡爾·奧古斯特公爵塑造成為大君主的理想在公爵對其每次政治決定的否決中破滅了，歌德覺得威瑪的天空越來越顯得狹窄，他感到越來越大的壓迫，並急切地想要呼吸新的空氣，舒展自己有點發僵的軀體。

經過一番深思熟慮之後，歌德向奧古斯特公爵請了一個沒有期限的長假，他要自由、安靜地生活一段時間。他想利用這段時間，到他嚮往已久的義大利去旅行，用新鮮的空氣來恢復他的身心健康，用新的環境、新的印象來啟迪自己的心靈。他還準備在異國他鄉的羅馬住上幾年，安安靜靜地將自己的著作編成集出版。他甚至還打算在羅馬度過後半生。

公爵立即恩准了歌德的要求，並答應為歌德提供旅遊經費，這讓歌德非常感動。

其實，在歌德從政的這些年裡，因工作關係，他到過公國各地旅行，了解了社會民情。為了增加各方面的知識，他在旅行期間和後來還寫出一些抒情詩和遊記。

如 1777 年 11 月，歌德陪同公爵到哈爾茨山狩獵，在登上布羅肯峰觀賞風景後，歌德寫出了抒情詩〈冬日遊哈爾茨山〉；1779 年 10 月，歌德又陪同公爵去瑞士考察，於第二年寫成了《瑞士遊記》；1780 年 9 月 6 日，歌德在圖林根林區基克爾漢山頂小木屋牆壁上題寫了〈漫遊者的夜歌〉等，這些作品後來都成了著名的作品。

其中，〈漫遊者的夜歌〉傳頌最廣，詩文的內容可與中國的著名詩人李白的〈靜夜思〉相比，是膾炙人口的千古絕唱。這首詩僅 8 行 24 個字，它們是：

群峰，
一片沉寂。
樹梢，
微風斂跡。
林中，
棲鳥緘默。
稍待，
你也安息。

歌德的這首夜歌寥寥數語，卻從天上寫到地下，從非生物寫到生物和人，由遠及近，真是韻味無窮，而且超越時空，雅俗共賞。不同心境的人讀它，會有不同的體會。這首詩發表後，被作曲家譜成了 200 種以上的樂曲廣為流傳。

正是因為歌德的每次遠遊都能帶給他不同的靈感，幫助他寫出優美的詩歌和文字，所以他也渴望著能夠再次遠遊。1786 年 9 月 3 日，歌德沒有帶一個侍從和僕人，隻身一人，穿著普通人穿的衣服，提起行囊，獨自一人鑽進一輛郵車離開了威瑪。

為了行動自由，歌德沒有告訴任何人自己將要去哪裡，唯一知道他行蹤的是他的僕人兼祕書菲利普。

由於怕人發現他的行蹤，歌德故意搞得很神祕，在護照上改名換姓為德國畫家揚·菲利普·米勒。

歌德星夜兼程，兩天后趕到雷根斯堡，之後越過慕尼黑，很快來到了風景秀麗的阿爾卑斯山。雪山、森林、山溪、草地、多變的奇峰怪石，美麗的大自然使歌德像孩子那樣狂喜。他大聲地喊著：「大自然是我的故鄉！我又回到生我養我的地方！」

「啊！大自然，你給了我第二次青春！」

歌德在這裡還撿到一塊嵌著碧石的石英石，它閃閃發光像寶石一樣。歌德一邊研究它的構成和特質，一邊玩賞著它。他把它帶到義大利，後來又帶回威瑪，像一件珍品那樣收藏著它。

翻過了阿爾卑斯山，穿過了奧地利的布倫納山口，歌德來到義大利北部的一個小城鎮博岑。

在這裡，歌德緊張的心情放鬆下來，義大利的陽光驅散了壓在歌德心頭的威瑪宮廷的陰影，他在日記中記述道：「我確實找到了一種四海為家的感覺，不像寄人籬下，也不像流亡他鄉。我很喜歡這個地方，彷彿我在這裡出生和受教育，現在好像是從格陵蘭探險、捕鯨歸來。」

他在博岑鎮逗留了幾天，並換上義大利市民穿的衣服，整天地逛市場，和市民聊天，跟孩子們一同玩耍，像一個游手好閒的流浪漢。

歌德沒有帶僕從，穿衣吃飯，住店乘車，花錢記帳，什麼都得自己來。剛開始他覺得自己笨手笨腳，慢慢地就熟練起來了，人也變得活躍了。他深有感觸地說：「如果一個人總是倚仗著別人服侍過活，就會提前變得衰老！」

歌德來義大利的目的主要不是遊山逛景，而是學習古典藝術。9 月 17 日他在維羅納城參觀了幾座畫廊，大飽眼福，他說：「我做這次神奇的旅行，不是為了欺騙自己，而是為了熟悉繪畫。說實在的，我對藝術，對畫家的技藝不大在行。我的注意力，我的觀察一般只限於實踐，針對觀賞對象和畫法。我的天性是崇拜偉大和美。」

在帕多瓦的隱士教堂，歌德欣賞了 15 世紀帕多瓦畫派大師曼特尼亞的油畫以及集威尼斯畫派大成的提香的作品，他給朋友寫信時說：「曼特尼亞是一位老畫家，我對他的油畫感到驚羨。這些畫裡有著多麼強烈的、肯定的現實感！我從這些畫注意到，畫家的出發點是真實的，不是虛假、欺騙，不是只靠想像力虛構的生活，而是健壯的、純粹的、光明的生活，這既詳細、認真、柔和、有限，又嚴格、勤勞而艱辛。

「畫家們在其先輩精神光輝的照耀下，在自己實力的基礎上，他們天才的生氣、天性的堅毅，便一直升騰向上，越來越高，從而產生天仙般美麗而真實的形體。藝術家就這樣在野蠻的時代之後發展起來。」

9 月 28 日，歌德到達了世界聞名的水上城市威尼斯。他興奮異常地在日記裡寫道：「我第一次望見威尼斯，不一下就要進入這個奇妙的島嶼，這個海域之國。謝天謝地，對我來說，威尼斯終於不再是一個名詞，不再是一個空洞的名字。這個名字曾多次使我恐懼不安，我簡直成了這個詞音的死敵。第一艘我坐的大船，這時我想起以前的一件兒童玩具，也許 20 年來我一直未想到它了。我父親有一艘以前帶回來的漂亮的平底船模型。船首似鳥嘴，用白鐵皮做成。船身呈黑色，平底，形似鳥籠。這一切都像老熟人在歡迎我。」

威尼斯由 100 個島組成，為幾百個島環繞，歌德在威尼斯盤桓了兩個星期，乘坐有名的「貢多拉」號船遊覽水上風光，參觀教堂，觀看戲劇，參加天主教大彌撒，甚至去旁聽案件的公開審理。雖然浮光掠影，但卻充分地適應並享受了威尼斯的生活，一個十分清晰的真實的威尼斯概貌深深地印在歌德的腦海裡。

歌德離開威尼斯，然後去費拉拉和佛羅倫斯，但是他無心瞻仰偉大詩人但丁的家鄉和文藝復興的聖地，他在佛羅倫斯僅停留 3 個小時，就直接向羅馬奔去。

在前往羅馬的路上，歌德的馬車裡有一個圖書出版商。這位商人認出歌德後，就很有禮貌地問歌德：「您好，先生，請問您是《少年維特的煩惱》的作者嗎？」

歌德看了商人一眼，發現對方不是熟人，就忙搖頭說：「不，先生，您認錯人了。」

那商人又上下打量了歌德，不死心地又問：「那您一定是歌德的朋友吧？」

「不，不，我跟他一點關係也沒有。」歌德把臉扭向車窗外，不再理那商人。他決心在這次旅行中隱姓埋名到底。他還想好，到了羅馬，儘管他的身分和名氣可以受到上流社會充滿熱情的招待，但他決不肯這樣做。

1786 年 10 月 29 日，歌德終於在諸靈節前到達了他朝思暮想、久盼未見的羅馬城，他內心的喜悅不言自明。以前，他總是透過讀書、觀畫、看地圖，兩度從瑞士的聖戈特哈德山遠眺來了解義大利，現在他終於見到真實的義大利了，可以一睹羅馬城的全貌了。他感到這是他平生最快樂的事了，他在日記中寫道：「啊，我終於到達了這個世界的大都市。現在我到了這裡，總算一塊石頭落了地，似乎可以慰我平生了。因為這大概可以說關係到我新的生命。」

羅馬有 16.5 萬人口，是一個世界大都城。歌德一到羅馬，立刻就去瞻仰梵蒂岡的聖彼得大教堂。這是世界上最大的天主教堂。歌德在日記裡說：「這建築使我懂得了什麼是嚴肅和偉大。」

這一建築所體現的繁多的統一和比例的和諧，使歌德聯想到音樂。他想：「有人說建築是凝固的音樂，真是這樣的。」當他漫步在宏偉的廣場時，排列整齊的石柱，參差有序的石階，各式各樣的噴泉，有機地組成一個整體，有強烈的節奏感和韻律感，他彷彿聽到一首旋律優美的交響樂。他說：「建築所引起的情趣接近音樂效果。」

在羅馬，歌德第一次參加了諸靈節，見到了教皇。但是他作為新教徒，不喜歡這種天主教的彌撒獻祭儀式。

他與畫家蒂施拜因住在一幢房子裡。他向這位老朋友學習繪畫。他生活在一群德國青年畫家中間，過著儉樸的生活。

1787 年 2 月，拿坡里附近的維蘇威火山爆發了。歌德邀請蒂施拜因冒險陪同前往觀光。

3月2日，他們第一次登上維蘇威火山，找到了兩個月又14天的新熔岩，甚至找到了一塊薄薄的、已冷卻了5天的熔岩，看到剛噴出的火山到處冒著熱氣。歌德試圖靠近火山口，但蒸氣濃得幾乎讓人看不見自己的鞋子，更是嗆得喘不過氣來，就是戴上口罩也無濟於事，只好作罷。

4天後，他在蒂施拜因陪同下再次登山，目睹火山爆發的壯麗情形。火山從其深處發出巨雷般轟響，然後成千上萬塊大大小小的石頭被拋到空中，被火山雲包裹住，絕大部分石頭又落回火山口，也有些石頭落到歌德一行的周圍。

冒著生命危險，在火山兩次爆發的間隙，歌德成功地到達了火山口，站到了萬丈深淵的邊緣，他受到了蒂施拜因的責備。半個月後，歌德第三次去攀登火山，觀察火山熔岩的流動，並從熔岩出口找到了真正的熔岩樣品，取得火山熔岩的第一手資料，這使他探險獵奇的心理得到最大程度的滿足。

拿坡里是一座美麗的海港城市。人們向來有句俗話：「見到拿坡里，死也心安。」歌德見到這座「天堂城市」，視為平生一大快事。

在拿坡里，歌德與平民出身的作家兼美學家的天才菲利浦·哈克特和畫家克里斯多夫·海因里希·克尼普，以及瑞士人海因里希·邁耶爾等共同去參觀了從地下挖出來的龐貝古城，增加了不少知識和見聞。

接著，歌德和克尼普渡海去了西西里島。他在義大利最南端的島上待了一個多月，遊覽名勝古蹟，其中包括羅馬最高天神朱庇特和妻子朱諾的廟宇。整個西西里島是一個天然的植物園，他在這裡又花不少精力去尋找他認為存在的「原始植物」。

歌德已出國 9 個月了。他不能在美麗的西西里久留，更無暇去撒丁島和希臘。他沒有忘記這次義大利之行的主要目的是學習。他認為自己有繪畫才能，想來羅馬學習古典藝術，發展自己的繪畫才能。早在史特拉斯堡求學時，他就說過：「我還沒有具備所需要的知識，我還缺乏很多。巴黎應該是我去學習的地方，羅馬是我的大學。」因此，他在 6 月初便折返羅馬了。

歌德在羅馬生活於一群青年畫家中間，學習了一段時間的繪畫、寫生和臨摹。然而年近 40 歲的他已不可能成為職業畫家，而只能成為一個業餘畫家或一個繪畫欣賞家了。畫家哈克特對歌德建議：「要想學會繪畫你就在義大利待上一年半吧。」

但是無論是繪畫也好，還是自然科學研究也好，究竟都不是歌德的本行，也不是他的拿手好戲。歌德這時才認識到，他天生是一個詩人，只適合於詩的藝術，而不適合於造型藝術。

在接下來的日子裡，歌德回到了蒂施拜因的小房子裡，開始潛心寫作。他首先將劇本《在陶里斯的伊菲革涅亞》從散文改寫成用五步抑揚格詩體韻文，再繼續完成悲劇《艾格蒙特》，其次是繼續寫《塔索》、《威廉．邁斯特》和《浮士德》第一部等。

《艾格蒙特》是繼《鐵手騎士蓋茲．馮．貝爾力希傑》之後的又一部歷史劇。兩個劇可說是姊妹篇，都歌頌了 16 世紀反抗暴政、追求自由的英雄人物。本劇反映了尼德蘭人民反抗西班牙暴政的革命鬥爭歷史。

歌德寫歷史劇，向來不拘泥於史實細節。為了增加戲劇性，他把歷史事件發生的時間、人物的性格都做了改動。歷史上的艾格蒙特出身貴族，雖然勇敢、正直，但是絕非人民起義領袖。他是 11 個子女的父親，被處死時已經是 46 歲的中年人，而在歌德筆下他還是未婚的年輕騎士，他的情人克萊爾辛是作者虛構的人物。在艾格蒙特鋃鐺入獄以後，她到大街上大聲疾呼，號召人民起義。在最後一場，她以自由女神的姿態出現在艾格蒙特的夢中，這使人想到莎士比亞的《亨利八世》中的夢幻場。這也說明莎士比亞對歌德創作的強烈影響。

正當歌德修改和完成這個劇本的時候，報紙報導了布魯塞爾群眾騷亂的消息，這恰與劇中群眾麻木不仁的場面形成鮮明對照。

《艾格蒙特》劇本歌德早在 1775 年在家鄉就寫了好幾場，去威瑪之後，既無時間，也無心思寫作，以致時寫時停，一直拖了 12 年，到 1787 年 6 月至 8 月在羅馬才定稿。完稿以後，歌德激動地寫信給朋友說：「今天我可以說，《艾格蒙特》已經完成了。我經過蘇黎世寄走它，因為我希望凱澤能給過場戲和此外必須有音樂的地方譜曲。」他甚至把完成它的這一天稱作自己的「節日」。

《艾格蒙特》仍是「狂飆突進」時期的作品，不過已是餘音罷了。

歌德的《塔索》一劇也是他在威瑪就動手寫過兩幕的。但是到了義大利，他看到了新資料，又參觀了囚禁塔索的牢房，加上他在威瑪親身的體驗，感到過去寫的兩幕絲毫無用，簡直想付之一炬。儘管他在去西西里的海船上限定自己每天寫多少字，可他還是沒能在義大利完成它。

1787 年 2 月 21 日，歌德在日記中寫道：「寫好的《塔索》必須完全毀掉。這份稿子擱得太久了。無論人物，還是計畫，還是基調，都跟我現在的看法毫無相似之處。」

1788 年 2 月 1 日，他在羅馬發的一封信裡說：「《塔索》必須改寫。已寫成的沒有用了。我不能這樣收場，也不能全部廢棄。」

至於《威廉 · 邁斯特》的舊稿子，歌德在義大利卻沒有寫一個字，而《浮士德》第一部的「魔女之廚」、「林窟」等場卻寫了一部分。

在羅馬，儘管善良的蒂施拜因沒有告訴旁人歌德的真實身分，但在羅馬的德國老鄉還是很快就猜出了化名為揚 · 菲利普 · 米勒的就是歌德先生。在一次歌德的老鄉聚會中，大家為他舉行了戴月桂冠的儀式。

這可是文人中最高的禮遇了，歌德感動地流下淚來，他激動地說：「太感謝你們的厚待了，可我現在是畫家米勒呀，能夠成為你們的朋友，我已經很滿足了。」

身為威瑪重臣的歌德，雖遠在羅馬，但和威瑪的關係一直藕斷絲連，他常寫信給公爵和報告，表示歸國後，要更好地為公國服務，公爵也一步步地延長了他的假期，並不時地寄錢給他。

羅馬雖好，畢竟是異國他鄉。歌德心裡清楚，他不可能永久地待下去而有所成就。

1788 年 4 月 23 日，歌德懷著戀戀不捨的心情離開羅馬，取道回國。臨行前幾天，他再次漫遊羅馬城，依依惜別。他將梵蒂岡的名畫和雕塑觀賞了又觀賞，甚至量了尺寸，請人做了石膏複製品。

這次旅遊，歌德幾乎走遍了整個義大利，確實收穫不小。在旅遊中他寫了《義大利遊記》，書中的結尾，歌德以深情幽婉的筆觸記錄了離別羅馬時的情緒：

> 在這樣的時刻，我怎能不想起奧維德的悲歌呢？他也曾被放逐，據說是在一個月夜離開羅馬的。「我回憶著黑夜！」他遠在黑海邊的後方，處於悲愴不幸的狀態，他的回憶我永遠沒有忘記。我反覆吟誦這首詩，部分詩句能詳細地在我記憶中出現：
> 從那夜我心裡感到悲傷，這是我在羅馬最後晚上。留下了那麼多貴重物品，一說起那一夜淚珠盈眶。人無聲狗不吠夜靜悄悄，月當空引誘我駕車奔逃。望盧娜去廣場看著寺廟，家神喲離廟近也是徒勞。

走進婚姻殿堂

1788 年 6 月 18 日，在義大利周遊了一年半後，躊躇滿志的歌德回到了威瑪，回到奧古斯特公爵所賜的弗勞恩普蘭大街寓所。在羅馬時歌德就先寫信給公爵，建議君主重新安排他在宮廷的職務。

歌德在信中說：「公爵殿下，我多麼感謝您給了我這寶貴的機會讓我去旅行。在這一年半的孤獨生活中，我重新發現了我自己。我是什麼呢？是個藝術家！除此我還能是什麼呢？希望殿下能夠重新考慮我的工作安排，讓我在您的身邊盡力吧！我已看到這次旅行給了我什麼好處，它是怎麼使我身心澄澈。您到目前為止一直對我十分寬容，所以，我懇求您讓我仍留在你的身邊工作吧，只不過，請允許我做我願意做的事，把其他的工作交給別人去做吧！」

公爵答應了歌德的請求，解除了他的一切職務，只保留樞密顧問的頭銜和伊爾美瑙礦山總監職務，並改任他為公國藝術科學事務總監，分管文化藝術工作。

歌德終於脫下了政治家的外衣，從此一心一意地從事文學藝術和自然科學的研究，這令他的朋友們非常不理解，內侍總管克內貝爾問歌德：「你的這些職務是多少人都夢寐以求的呀，你為什麼說放棄就放棄了？」

歌德回答：「對我來說，能夠把所有的精力都放在做自己喜歡做的事情上面，那才是我夢寐以求的！」

走進婚姻殿堂

在義大利，歌德接觸了許多新的思想，他想透過自己藝術科學事務總監的身分將這些新思想帶給威瑪公國的子民。但他的做法，當地的人們總是不能理解，他們在背後議論說：「這個人怎麼有這麼古怪的新思想呀？他是不是在義大利撞邪了。」

別人不理解他，他就得爭取讓人理解他。8 月的一個晚上，公爵夫人在小客廳裡舉行茶會。歌德興致勃勃地在朋友們面前大講他在義大利旅行的見聞，並且讓朋友們看他畫的畫冊和帶回的古董、紀念品，然而，令歌德失望的是他的這些朋友們反應冷淡，對他所講的事情一點也不感興趣。但也並非沒有人動心，公爵的母親阿瑪麗亞聽了歌德的介紹，就表示願意去義大利看看。

這一時期，公爵因騎馬摔傷了腿，心情一直不好。他的腿傷好了以後，又忙於普魯士的軍務，很少在國內。當他回家聽說母親想去南方領略一下那裡的風光時，正好也想去散散心，就陪同女公爵和夫人去義大利了。

朋友們的遠去讓歌德陷入了孤獨，他在義大利雖然過了一年半的孤獨生活，但在那裡畢竟有許多畫家朋友作伴，何況羅馬七山的風光和名勝古蹟令人流連忘返。從那個世界大都市回到這個彈丸小城，他感到很不習慣。他在日記裡埋怨道：「我從那個萬象紛呈的義大利回到無定形的德國，晴朗的天空變成一片陰霾。朋友們來安慰我，不是把我拉到他們一邊，而是使我絕望。我對遠方的、幾乎是不熟悉的事物的喜悅，我的痛苦，我對失去的東西的悲嘆，彷彿侮辱了他們。這裡沒有人了解我，也沒有人懂得我的語言。」

就在歌德失去朋友、退出政治漩渦，與施泰因夫人又產生分歧的時候，一個叫克里斯蒂安娜·烏爾皮烏斯的女孩不經意地闖進了他的生活。

那天是 1788 年 7 月 12 日，歌德正在伊爾姆河畔威瑪公園裡散步，迎面走來一個女孩。她向歌德行屈膝禮，向他呈遞一份請求書。

原來她是為哥哥來的，目的是請歌德為她哥哥奧古斯行找一份工作。奧古斯行畢業於耶拿大學，現在是紐倫堡一位男爵的祕書，報酬很少，還即將被解聘。他是一個通俗作家，寫了很多東西，但賺錢不多。他們的父親原是文書科長，生活放蕩、嗜酒成性，最終弄得家破人亡，已於兩年前去世。她的母親也早已亡故，他和妹妹只好寄居在叔父家中。哥哥無人幫助，只好托妹妹求人相助。

歌德打量了她一下。這個少女大約 23 歲，個子不高，也不漂亮。她的皮膚呈淺褐色，低額，薄唇；兩頰豐滿，圓圓的下巴，披著一頭鬈髮，未有認真梳理，衣著也很簡樸。

歌德問這位女孩靠什麼生活。她說，她在伯圖赫絹花廠工作。原來，歌德去過該廠一次，該廠大約有 20 多個女工。在歌德去義大利之前，克里斯蒂安娜的哥哥就曾親自找過歌德尋求幫助，歌德回到威瑪後，她便帶著哥哥的囑託再次前來。

女孩的天真樸素剎那間攫住了歌德的心。在歌德眼中，克里斯蒂安娜猶如一朵含苞待放的鮮花，充滿了健康的朝氣，有如魯本斯油畫中的女性。歌德看完信，連忙答應幫忙。同時，他也沒有掩飾自己對女孩的好感，殷勤地指著遠處邀請說：「那是我的花園別墅，有空請來玩玩，地方雖簡陋，倒還涼快。」

這時的歌德已年近 40，幾乎可以做克里斯蒂安娜的父親。他來威瑪 13 年了，一直沒有結婚，在義大利流浪的日子裡，他一直想有個溫馨的家。這時他找妻子的標準不是美貌，不是財富，不是有很高的教育程度，像一個女作家那樣能詩能文。他已經功成名就，他不需要有個才女幫助他搞創作。他需要的正是克里斯蒂安娜這樣生性活潑、粗識文墨、善於理家的家庭主婦。

年輕的製花女工做夢也沒有想到，自己會得到一位宮廷大臣、名聞天下的大作家的垂青。不久，她的哥哥的請求得到滿足，成了歌德研究植物的助手。克里斯蒂安娜本人則成了歌德花園別墅的常客，並很快就和歌德同居了。這一天，歌德在自己的日記本裡寫道：「我結婚了，只不過沒有履行儀式而已。」

雖然歌德在日記裡這樣寫了，但為了他的身分著想，他與克里斯蒂安娜的婚事一直是祕密進行的。但威瑪不是羅馬，這裡不過是巴掌大的一座小城。

不久，這個地位顯赫的公國大臣、世界聞名的詩人、貴族與一個地位低下，比他小 17 歲的女工同居的桃色新聞，就很快傳遍全城。威瑪關於他的緋聞傳得沸沸揚揚，風生水起。

本來，歌德來到威瑪城後，威瑪宮廷和上流社會曾有很多貴婦淑女對其一見傾心，但她們都沒能打動高傲的歌德，而現在這份榮幸竟然被一個普通的平民女孩奪去了，她們真是太生氣了。

一時間，各種誹謗和責難向歌德傾瀉過來，連一些歌德的崇拜者也對這事義憤填膺，他們說：「國家永遠不會原諒它的偉大詩人做出這種破壞法律和習俗的事。」

貴族們則這樣指責他：「一個堂堂大臣居然和一個下賤的平民女子結婚，真是侮辱威瑪宮廷！」

在這些誹謗和指責聲中，只有赫爾德爾和奧古斯特公爵對這樁不相稱的結合表示同情和理解。

赫爾德爾說：「結婚是你自己的事，不要理會別人怎麼看。」

奧古斯特公爵說：「克里斯蒂安娜是個好女孩，娶了她，是你的福氣呢！」

能夠得到好朋友的祝福，歌德覺得心裡愉快多了，他對他們說：「謝謝你們給我這樣的安慰和鼓勵。我會永遠愛克里斯蒂安娜，對她不離不棄。」

面對各種流言蜚語，歌德不屑一顧，他驕傲地向外宣稱：「我追求這個女孩時，她很窮，連一件漂亮的衣裳也沒有，但我喜歡她，現在也是一樣。」

很多人不了解歌德的擇偶標準，他們問他：「您究竟要怎樣的女孩呢？」

歌德握著克里斯蒂安娜的雙手，深情地說：「我要怎樣的女孩，你們現在已經看見了，因為我已經如願以償。就如我去海濱尋找貝殼，忽然在一隻貝殼裡找到一粒珍珠，我要永遠珍藏在心頭。」

聽了歌德這樣誇獎自己，克里斯蒂安娜感動極了。正是這粒珍珠，在 18 年後放出異彩，救了歌德一命。

1806 年 10 月，普魯士和法國軍隊在耶拿會戰。普魯士軍隊失敗，拿破崙的軍隊占領了支持普魯士的威瑪，法國兵分散住在威瑪居民的家裡。

歌德家也被安排住進了兩個法國兵。歌德讓他們住在僕人的房間裡。這天晚上，法國兵不知從哪裡知道了他們住的是僕人的房間，就生氣地闖進歌德的臥室。

一個法國兵用武器威脅歌德，說：「好啊！你居然敢這麼對待我們！」

歌德當時手足無措，不知該怎麼辦才好。克里斯蒂安娜不懂法語，就問歌德發生了什麼事。歌德告訴她：「他們因為被安排在僕人的房間裡過夜而生氣。」

機靈的克里斯蒂安娜馬上端過兩杯咖啡，請法國兵飲用。法國兵這才把武器收起來，可他們並沒有離開的意思。

當時，歌德家所有值錢的東西都藏起來了，他實在沒有什麼好的物品來打發這兩個士兵。克里斯蒂安娜不慌不忙地走到櫥櫃邊，拿出兩座銀燭臺，送給法國兵，又讓歌德用法語做翻譯說：「你們可不要小看了這兩只銀燭臺，這可是非常珍貴的古董呢，它們是幾百年前的一位公爵用過的，現在就送給你們兩位吧！不過，請千萬不要告訴別人哦，因為這是我們家最貴重的東西了。」

法國兵把燭臺抓在手裡，看了一下，就嘰嘰咕咕地走了。歌德對克里斯蒂安娜鎮靜勇敢的做法真是又敬佩又感激，他說：「親愛的，謝謝你救了我的命，我一直都欠你一個盛大的婚禮，總有一天，我一定要給你補上。」

歌德說到做到，當法國軍隊撤走以後，歌德和克里斯蒂安娜在雅各布教堂舉行了正式的宗教婚禮。

在這之前，歌德從來沒有帶克里斯蒂安娜參加上流社會的交誼會。甚至客人來訪時，她也躲在內室不出來待客。當他們正式舉行婚禮後，出身貧賤的克里斯蒂安娜才逐漸在社交場所露面。儘管這是一件自己不情願的事情，但善良的克里斯蒂安娜認為只要能在這位偉大的詩人身邊就是最好不過的事了。

和克里斯蒂安娜生活在一起後，歌德非常希望能有個健康活潑的孩子。克里斯蒂安娜沒有辜負丈夫的期望，在 1789 年聖誕節時生了一個兒子，取名奧古斯特，由公爵做兒子的教父。此後她還生了 4 個孩子，但都夭折了。

像從前一樣，每一次的愛情都會激發歌德的創作靈感，躺在溫馨的小家庭裡，他又寫了不少優美的愛情詩，著名的有〈清晨的悲嘆〉、〈探望〉以及長詩〈羅馬哀歌〉、〈威尼斯警句詩〉等。

〈羅馬哀歌〉是用六步韻詩體寫成的，又名〈羅馬戀情〉，包括 24 首相關但並不很密切的組詩，在這首長詩中的第五首最為人稱道，其中有這樣的詩句：

> 情人剝奪了我白天的幾小時，晚間她便還我幾小時作為賠償。不是親吻，就是傾心對談；如果她睡意蒙朧，我便躺著遐思悠悠。我常常在她的懷抱裡吟詩作賦，用手指在她的脊背上輕數著六音步韻律。她在甜睡中呼吸著，她的氣息灼熱到我內心的深處。阿摩這時撥亮了燈，想起從前他曾為羅馬三詩人同樣地效力。

這組詩所描寫的克里斯蒂安娜實際上融合了羅馬少女浮士汀娜的形象，也反映了歌德夫妻的戀愛生活，是歌德對克里斯蒂安娜愛情的佐證。

在克里斯蒂安娜懷孕階段，歌德按捺不住內心的欣喜，他伏在妻子隆起的肚子上，告訴未來的兒子：「再等幾天，時序女神就要來領你進入人生的路程。按命運指示，不管你遭際如何，我的兒啊，既是愛情造出你，也必將有愛分給你。」

克里斯蒂安娜對歌德越來越重要，她對歌德體貼入微。歌德還是經常外出旅遊，每次出門，他都寫信要克里斯蒂安娜照管好家裡，克里斯蒂安娜也總是把家事安排得井井有條。

1790 年 3 月，歌德受卡爾·奧古斯特公爵的委託，再次去義大利迎接正在那裡旅行的公爵的母親，這期間的歌德已經不再願意在那裡多待一天了，他在寫給家裡的信裡只有兩行短詩：

東好，西好，在家最好！

這兩行短詩充分說明了歌德的戀家之情，雖然歌德在前一次離開義大利時是戀戀不捨，但舊地重遊，他再也鼓不起從前的雅興，因為，此時的詩人已難以割捨他的妻子了。

在歌德外出的日子，克里斯蒂安娜對丈夫的愛也是牽腸掛肚的，1793 年 6 月，她寫信給遠方的歌德，表達自己的思念，信寫得很樸素，但流露出款款深情：

在又冷又溼的風雨天氣裡，我無時無刻不在想著你。親愛的，這種天氣你一定夠受罪的，我十分擔心，因為我們這裡冷得要命，非生火取暖不可。

我和小朋友一切都很好，孩子說起你就沒完沒了，並且總是問我：「爸爸什麼時候再回來？」要是知道有你的來信，他總是說：「爸爸在信裡沒有說給我一個吻啊？」

親愛的，我時時刻刻都在想你。我始終只有一個念頭，就是怎樣才能把家收拾得井井有條，給你增添一點快樂，因為是你使我這樣幸福的。

祝好，親愛的，孩子和我千遍地親吻你。

可以看出，克里斯蒂安娜雖然教育程度不高，但在歌德的薰陶和調教下，她的信已經寫得很出色了。不幸的是，1815 年 1 月，克里斯蒂安娜患了一場重病，第二年就去世了。歌德傷心地為妻子寫下了一首簡短而沉痛的悼亡詩：

哦，太陽啊，你徒然想，透過陰暗的烏雲照耀，我卻要用我的悲痛的身心，為她的死亡哭悼。

任宮廷劇院總監

1791 年，威瑪宮廷劇院建成了，奧古斯特公爵要求歌德擔任該劇院的總監一職。

公爵對歌德說：「閣下，這個劇院的建成有你很大的功勞，我覺得由你來出任劇院總監最合適。」

原來，早在 1779 年，歌德與克洛娜在威瑪劇院演出了《在陶里斯的伊菲革涅亞》之後，歌德就建議公爵殿下開始修建威瑪宮廷劇院了。為了讓這個劇院與普通的德國劇院不同，從建築式樣到經費籌措，歌德都花了很多的時間和精力，現在，劇院順利地修建成功，歌德從心底感到高興。他愉快接受奧古斯特公爵的任命，擔任起了劇院的領導人，並很快投入到新的工作中。

歌德覺得，既然劇院修成了，就應該好好地利用起來，他和劇院的工作人員開始商量即將上演的劇目。

工作人員問：「我們的劇院布景是否應該更漂亮點呢？」

歌德回答說：「不，劇院的布景不要太堂皇，甚至演員的服裝都可以不必太華麗，但劇本一定要選擇最好的。」

「那麼，您認為什麼才是最好的劇本呢？我們應該出演喜劇還是悲劇，還是其他什麼呢？」工作人員說。

「從悲劇到鬧劇，不管哪個類型都行，不過一部劇本總要有使人喜見樂聞的東西。它必須恢宏大氣，賞心悅目，至少要是健康的、含有某種內涵的……」

歌德的話還沒有說完，就被劇院工作者打斷了，他提醒歌德：「可是先生，現在的觀眾都很喜歡看一些刺激的劇本呢！」

歌德搖搖頭，堅決地說：「這可不行。如果我們一味迎合觀眾的口味，盡上演一些病態的、賣弄感情的或者是陰森恐怖的劇本，那麼，觀眾的欣賞水準只能越來越低。更重要的是這類劇本只會毒害演員和觀眾，直接地影響人們的生活。」

工作人員接著說：「先生，如果我們不能迎合觀眾的口味，那麼我們的劇院可能會賠錢啊！」

歌德仍然堅持自己的觀點，他說：「就算是賠錢，我們也要為觀眾和演員負責，作為一個劇院工作者，我們首先要做的工作是不能讓戲劇毒害人民！」

其實，到底要演什麼劇本，歌德心中也沒有底，他從前的劇本已經出演過了，再次演出將不能吸引住觀眾。這時，文壇新星席勒把自己的劇本《陰謀與愛情》寄給了歌德。歌德看完劇本後說：「這是多麼動人而深刻的故事啊，我們就應該上演這樣的劇本！」

歌德高高興興地把劇本拿到劇院，他要親自指導演員們排練。在排練過程中，擔任女主角的演員總是不能全身心地投入，歌德就示範給她看。他用激憤的聲音說著劇本裡的臺詞：「等級的限制要倒塌，階級的可恨的皮殼要破裂，我們每個人都是一樣的！」

演員們給歌德鼓起掌來，他們互相鼓勵說：「瞧！我們的總監表演得多麼好啊！他這麼重視戲劇，又親自指導我們，我們如果演不好，真是太對不起他了。」

演員們終於投入地排練了。他們知道，他們的總監是一位大行家，敷衍了事是過不了他這一關的。

一個劇本的成功上演，不知要預先排練多少遍。可是，不管歌德有多忙，每次遇到重要的排練，他都要去劇場觀看。

宮廷劇院演員們精湛的表演受到人們的好評。在歌德的主持下，該劇院又上演了一些著名的戲劇，如莎士比亞的《哈姆雷特》、《羅密歐與朱麗葉》、莫札特的歌劇、莫里哀的喜劇等。

這樣，威瑪宮廷劇院就像一顆明星點亮了威瑪貴族們的空閒生活，不管是年老的貴族還是年輕的貴族，他們都嘖嘖稱讚這位新上任的總監：「歌德先生真是一位天才，他讓我們的生活更加精彩。」

一天，歌德從劇院下班向家中走去，在路上，他聽到了兩個普通百姓的談話。

一人說：「哎！你聽說了嗎？昨天又有人在一家鄉村酒館酗酒鬧事打傷了人。」

另一人說：「是嗎？那我們以後都不要去喝酒了，免得發生危險。」

前一人說：「可是，空閒的時候我們不去酒館，那去哪裡消遣呢？我們倒是想去宮廷劇院，可那是貴族才能去的地方啊！」

後一人無可奈何地說：「唉！看來我們還是只有到酒館去了。」

這兩人的談話讓歌德吃了一驚，他快樂的心情立即變得沉重起來，他想：「這都是我的錯呀！既然是國家的劇院，為什麼要把階級分得那麼清呢？我自己不也曾是一名普通的市民嗎？」

想到這裡，歌德立即跑過去，激動地握著這兩個人的手說：「謝謝你們的提醒！」

這兩人覺得莫名其妙，他們看著歌德遠去的背影，詢問旁邊的人：「這個人是誰呀，他怎麼要謝謝我們呢？」

旁邊的人說：「他是我們威瑪公國的顧問官，也是威瑪宮廷劇院的總監，偉大的詩人歌德博士。怎麼，你們連他都不認識嗎？那他為什麼和你們握手呢？」

這兩個百姓恍然大悟，他們自言自語地說：「啊！難道歌德博士是在告訴我們，宮廷劇院即將對我們這些普通人開放？」

事實上，這兩個百姓猜得並不錯，第二天，歌德就親自在威瑪宮廷劇院的門口貼出這樣的告示：

從即日起，每逢週日或其他節日，本劇院都會向每一位市民開放。

路過劇院的人們發現了這個告示，一傳十，十傳百，很快全城的人都知道了這個好消息。自從宮廷劇院向普通市民開放以後，奧古斯特公爵常常聽到這樣的報告：「殿下，現在酒館再也沒有人鬧事了！」

「殿下，這個月我國沒有出一件案子。」

這些報告聽得公爵心裡非常高興，他叫來歌德稱讚說：「閣下，我說得沒錯吧，讓你來管理劇院是我作出的最好決策。瞧，你為威瑪的市民們做了一件多麼好的事呀！」

歌德謙虛地說：「殿下，這都是您的功勞，要不是您的支持，我哪有現在的成績呢！」

為達到這一目的，歌德在劇院的管理上煞費苦心，制定了嚴格的獎懲制度，他向下級解釋說：「為了使我們的劇院興旺起來，我們的劇院規章必須要有各種的處罰條文，要有固定的酬勞和獎勵優異功勛的規程。你們每犯一次錯誤，我就要扣薪，但是你們要是做了超過自己分內的事，我也會獎勵你們。」歌德的這一套生意經顯出商人的精明。

在任何時候，歌德從來沒有忘記自己是一位劇作家。白天的工作結束以後，他就會坐在安靜的書房裡，為劇院創作劇本。

在這一時期，歌德創作了大量的劇本，如《托爾夸托·塔索》、《羅馬狂歡節》、《義大利遊記》等。其中，以5幕詩劇《托爾夸托·塔索》最為成功。

《托爾夸托·塔索》這部詩劇，歌德從1780年就開始寫作，直至1789年7月才得以完成。劇中主角托爾夸托·塔索確有其人，他是義大利文藝復興時代的詩人。當時義大利還處於分裂狀態，他在一個叫費拉拉的公國宮廷中服務，後來因與封建宮廷衝突，以致精神失常，被公爵囚禁多年。

歌德年幼時讀過塔索傳以及塔索的長詩〈被解放的耶路撒冷〉的德文譯本。他學了義大利文後，還讀過該詩的原文。

歌德創作的《托爾夸托·塔索》劇本情節是：1575年4月在費拉拉郊外公爵的宮殿，塔索把他剛寫好的史詩〈被解放的耶路撒冷〉獻給公爵，公主親自編好月桂冠給他戴到頭上。這時，宮廷首相安托尼俄·蒙太卡蒂諾正好從羅馬回來。他目睹了塔索得此殊榮，心懷嫉妒，嘲弄塔索。塔索氣憤至極，拔劍欲與之決鬥，公爵將他斥退，令人將其軟禁。塔索不解其意，將劍和桂冠交還公爵。公爵旋即派安托尼俄向他宣布赦令。

公爵夫人和公主建議塔索去另一個城市佛羅倫斯，但誰也沒有想到，塔索竟然偷偷地愛上了公主，更讓大家沒有想到的是，他在告別時失去自制力，竟去擁抱公主，向公主表白愛情。公主大驚逃走，這時公爵恰好見到這個場面，便命人將塔索拘禁。塔索見到公爵與公主乘車離去，不再理會他，他深感失望，便破口大罵，連已經成為他朋友的安托尼俄勸解也沒有用。詩人塔索從此精神失常，直至死去。

歌德在這部作品中透過塔索與安托尼俄的和解，肯定了與環境妥協、與現世妥協的思想，也肯定了從事實際事務者的價值。在威瑪，由於歌德為公國做了很多實事，連一直和他不和的老首相弗里奇最後都與他建立了很好的友誼，因此歌德筆下的《托爾夸托．塔索》已不再是一齣悲劇。

另一方面，塔索求愛的失敗則表示一個人應該自我克制，不要去追求得不到的東西。這一思想也正是歌德這一時期內心世界的心聲，即放棄「狂飆突進」時期詩人的幻想與熱情。

歌德的《托爾夸托．塔索》具有完美的形式，除第一幕只有4場外，其餘4幕每幕都各有5場。這代表著他從義大利回國後，在自己的藝術風格上向古典主義靠攏了。

透過《托爾夸托．塔索》，歌德再次表現了人到中年時自己的煩惱，他青年時期所作的《少年維特的煩惱》只是因為戀愛而煩惱，而中年塔索卻是因政治環境不如意，在痛苦時「傾訴滿腔的煩惱」。

任宮廷劇院總監

歌德在《托爾夸托·塔索》的最後一場戲中，設計了被抓起來的塔索發洩了自己滿腔悲憤的長達 63 行的獨白：

好，去吧，暴君！
你到底總要除下你的假面具，
讓你揚揚得意吧！
你已把奴隸鎖住，你蓄謀已久，
終於拖到現在讓他吃苦；
去吧，我憎恨你，
我完全感到厭惡，橫行霸道、多行不義的執掌權柄者激起我的厭惡。
我終於看到我自己遭到驅逐，
被一腳踢開，被趕走，像乞丐一樣！
他們給我戴桂冠，
不過是為了把我打扮成犧牲拿去獻祭！
到了最後的時日，
他們還騙取我的唯一的財產，
用花言巧語騙去我的詩，
緊緊地抓住不放！
唯一的財寶如今在你們手裡，
這是我不論投奔何處的敲門磚；
我只有靠它能使我免於挨餓！
現在我明白，為何要給我休假。
這是個陰謀，你就是陰謀的首腦。
這樣就使我的詩不會完成，
只為了使我不再能更加揚名，

使嫉妒者能找到無數的缺點，

使世人終於完全忘掉了我，

因此要讓我安於閒居無為，

因此要叫我珍重我的身心。

哦，真是可貴的友誼，難得的關懷！

想到在我的周圍不斷地織著無形之網的陰謀，

真使我厭惡。

而看它變為事實，更加可憎。

而你這妖精！你曾那樣溫柔、那樣天仙似的引誘我，

我突然看出你原形！

天啊，幹嘛這樣遲！

當然，歌德本人並沒有像塔索那樣罵過自己的公爵陛下，相反，歌德和奧古斯特公爵一直保持著良好的關係。但儘管這樣，歌德因為政治上的不得志，仍在日記裡這樣寫道：「卡爾·奧古斯特從來也沒有理解過我。」

歌德從出任宮廷劇院總監一職起，苦心經營劇院 30 多年，使威瑪的戲劇在歐洲享有崇高的地位，人們把這段時間的戲劇高峰叫做「德國的歌德時代」。

戲劇在西方文藝中享有崇高的地位，先後出現過幾次高峰，第四個高峰便是德國的「歌德時代」。由此也可見，歌德經營威瑪劇院的重大意義。

可惜的是，1825 年 3 月 22 日，威瑪宮廷劇院被一場大火吞噬。這天午夜，歌德被救火的嘈雜聲吵醒，他從窗口望見劇院的上空煙火升騰，他的小孫子跑來告訴他：「爺爺，劇院失火了，

真是太恐怖了。」

歌德望著煙火瀰漫的夜空，往日的演劇排劇的情景又浮現在心頭。他神情發呆，身子在微微地顫動，很久不說一句話。他的助手愛克曼先生來看他，向他報告劇院起火的情形。

歌德眼角流出了淚，嘴裡不斷地重複他的小孫子見火起時，害怕地說出的一句話：「人的遭遇就是這樣慘啊！」

醉心科學研究

歌德當上宮廷劇院的總監後，又有很多新舊朋友圍繞到他的身旁。1791 年，他在拿坡里認識的瑞士人海因里希·邁耶爾來到威瑪，並在歌德家中一直住到 1803 年。年輕的哲學家謝林也前來耶拿任教，他以其進步的自然哲學觀點而受到歌德的讚賞，但他卻為落後的教會所不容。

歌德對自然科學的熱愛僅次於文學創作，他和威瑪的自然科學家們保持著良好的關係，他關注著自然科學的最新進展，並時常向朋友們坦露自己的心跡說：「我的氣質促使我比以往任何時候更熱衷於自然科學，在我看來藝術創作、自然科學研究乃至數學運算，一切都同根本真理有關，它的發展在思辨中不像在實踐中那樣容易看出來，因為實踐乃是精神感受到的事物的試金石，是內在感覺變成真實事物的試金石。」

「堅信自己決心的價值的人，一旦轉向外界，要求世界不僅只是應該同他的想像協調一致，而且要求世界必須服從他，順從他的想像，進而實現他的想像。之後，他才悟出一條重要經驗，不是他的行動有誤，就是他的時代未能認識到真理。」

對於歌德來說，文藝創作和自然科學這兩條不同的道路，都通向一個目標，那就是根本真理。

此時的歌德仍是威瑪宮廷的文化大臣。威瑪並沒有大學。所以他經常去耶拿。耶拿大學聚集了許多人才。他經常與他們一起討論問題，一起做試驗。

耶拿在威瑪北面，乘馬車去約有 3 小時路程。這裡有一所耶拿大學和一座植物園。這正好做歌德研究科學的實驗室。歌德覺得，自己當畫家的美夢破滅了，但他想當自然科學家的夢想，仍吸引著他繼續努力。

從義大利返回威瑪後，歌德在自然科學方面比文藝創作投入了更多的時間和精力，他對植物學、顏色學、人體解剖學興趣最為濃厚。1790 年 4 月，為迎接卡爾．奧古斯特公爵的母親從義大利回國，歌德前往威尼斯。在威尼斯的海灘上，歌德的僕人偶然拾到一塊頭骨，交給了他。

歌德仔細觀察這塊骨頭，他看出這不是人骨，而是綿羊的頭蓋骨，令他意外的是，它和人的頭蓋骨一樣，都是從變化著的脊椎骨產生的，這些發現讓歌德欣喜若狂。

在此之後，歌德開始《植物的變形》一書的寫作，他在先前關於「原始植物」的構想的基礎上，構造了一個所有植物發展過程的進化體系，即植物變形體系。

歌德認為，植物的所有部分都是從一個唯一的基本器官發育而成的，即由莖上的結節生出葉子。具有完善形態的植物都是經過逐步演進才形成的。而植物種類的多樣性則可以由植物形態變化過程中所產生不同的變種來加以說明。他仔細觀察了植物生長過程之後，把變異分為有規則的、無規則的和偶然的三種。他還繪圖並詳細論證植物是如何從種子長出胚芽，變成胚葉，然後長葉子、開花結果的變異過程。

歌德透過觀察，確認了植物的發展和變化，但在分析變化的原因時，他只承認量變而不認為有質的飛躍。歌德看到羊頭骨之後，從植物的變異聯想到動物的變異。他在 1806 年寫出了《動物變形記》。

他認為動物最重要的部分是脊椎骨。動物形態各異，但都有脊椎骨。各種器官也都是由脊椎骨發展而來。當然，歌德在這裡所說的動物全部指的是脊椎動物。

歌德對自然科學的迷戀持續了一輩子，有很多事都能說明他對自然科學的痴迷程度。

1792 年 2 月 7 日，奧地利、普魯士兩國與法國王朝流亡者聯合，締結反對法國的大同盟，準備推翻法國革命政權。4 月 20 日，法國向奧地利宣戰。威瑪的奧古斯特公爵也加入了這場戰爭，公爵奉命指揮一個普魯士軍團，歌德隨軍到了前線。

有趣的是即使身在戰場，砲彈橫飛，歌德也有閒情逸致觀摩自然，探索科學。

一次，他在一個有水的彈坑裡發現一些小魚，魚在陽光照耀下顏色發生變化，他不禁看著了迷。

又有一次，大砲轟鳴，不少士兵因此得了「炮熱症」，醫生束手無策，歌德聽說後，想弄清真相，親自到前線體驗，砲彈從身邊「嗖嗖」飛過，他卻一點也不畏懼。

戰爭結束後，歌德又重新回到科學和文學的生活氛圍之中，他打算在安靜的工作室裡持之以恆，細心地照管好科學和藝術的神聖之火，為實現自己的宏願而努力。

在這期間，歌德在文學的創作上也有一些成果，1794 年 7 月底，他完成了《平民將軍》的寫作。不久，他又將德國古老的動物敘事詩《列那狐》改寫成六步韻詩，透過各種擬人的動物對現實生活中官僚、騎士、僧侶等人的醜惡行徑進行諷刺和揭露，對受壓迫的農民、手工業者、小市民寄予深切的同情。

儘管這樣，歌德還是沒能放棄科學研究，他對植物學、光學等自然科學的研究也在有條不紊地進行著。

1791 年，他在弗勞恩普蘭官邸裡設立了光學實驗室。這是一間很小的暗房，儀器設備都非常簡陋。但是，歌德透過自己的實驗寫出了著名的《光學論文集》。

歌德的客廳裡擺了許多石頭。這是他從外地，特別是從義大利收集來的。但比較起來，他在地質學領域的研究成果最少。

1794 年，歌德開始研究顏色學，直至 1810 年他費了 10 餘年心血終於寫成兩大卷《顏色學》，長達 1,300 多頁。

英國天才物理學家伊薩克·牛頓認為在白色光裡存在所有其他的顏色，透過三稜鏡就能證實牛頓的見解。然而歌德卻向牛頓提出了挑戰，認為牛頓的學說是荒謬的，是沒有科學依據的。

歌德在《顏色學》前言裡把牛頓的學說比做一個倉促建成的古堡，雖然不斷地擴建和加固，但卻不能住人。他認為必須讓這個古堡的四壁和屋頂接二連三地倒塌並將瓦礫清除乾淨，才能建立新的理論。歌德的新理論是：「顏色是光明的行動，痛苦的行動。」

歌德透過對礦物、生物、人類從物理學、心理學及美學上的分析，得出一個結論：一切顏色都是由於悶光，由於明暗相互作用的結果。光明與黑暗如同鬥爭的南北兩極，相互影響。它們在二者之間存在著悶光，即顏色的世界。他稱藍色和黃色為兩主色。黃色具有愉快、活潑、刺激性小的性質。藍色使人感到寒冷，令人不快。

歌德的這部專著出版以後，讀者反應冷淡，原因是他的這個觀點是錯誤的，因此他創作的《顏色學》並沒有成為他所希望的「傳世之作」。它只是在維也納暢銷了一陣子。

作為自然科學家，歌德的確是有獨到的發現的，但他的這些發現都帶有偶然性。因為，他僅僅是個業餘的科學家，沒有什麼正規的儀器，只能靠自己肉眼觀察。不過，在這樣的情況下，歌德的科學發現能夠有這些成果已經是很了不起的事了。

聯手作家席勒

1794年7月下旬的一天，歌德應邀前往耶拿出席自然研究會的會議。這次會議本身並無特別重要的意義，但卻揭開了歌德一生中極為重大的一幕。

這是因為，在這次會議上，歌德的旁邊坐著一個後來成為他生死之交的新朋友，他們走了很長一段路，並開始了影響德國文學史的偉大友誼，這個人就是席勒。

弗里德里希·席勒比歌德小10歲，出生在德國西南部的一個小鎮馬爾巴哈。席勒的父親是外科醫生，後來到部隊當軍醫。席勒幼年接受一名善良的牧師的耐心教育，後來進入拉丁語學校讀書，學習始終名列前茅。13歲，席勒進了符騰堡公爵卡爾·歐根辦的軍事學校。該校對學生進行奴化教育，被人稱為「奴隸養成所」。

1779年12月，歌德陪同卡爾·奧古斯特公爵去瑞士時，途經斯圖加特，順道訪問了這所「卡爾學校」。席勒站在隊列裡歡迎他們。兩年後，就是這個席勒寫出了充滿「狂飆突進」運動精神的劇本《強盜》，在曼海姆上演後，引起巨大反響。再過兩年，他的又一部劇作《陰謀與愛情》問世，再次轟動德國劇壇。

由於他的作品包含明顯的政治觀點，受到了當局迫害。無處藏身的席勒不得不到處流浪。1787年，這位「狂飆突進」的劇作家來到了威瑪。

這年8月28日，歌德的一幫朋友，聚集在歌德的家中，為不在場的歌德祝賀生日，席勒也被他們邀請來了。席勒坐在一張靠邊的桌子前，眼望著桌上的高腳酒杯出神。他來威瑪以後，聽到許多有關歌德的事情，他自言自語地說：「歌德這個人真走運，童年很幸福，又能接受最好的教育，年紀輕輕的就當上了樞密顧問官，在文學上也有名氣，真令人羨慕。他的才華和智慧未必比我高，他為什麼得來那麼容易？而我卻要永遠與自己的命運作鬥爭。他只比我大 10 歲，我卻遠不如他。」

第二年，歌德從義大利回到威瑪。席勒渴望立即見到歌德，並託人轉達他對歌德的最良好祝願。席勒等了近兩個月，歌德仍未接見他，他感到十分困惑。

在 9 月裡的一個星期天，天氣晴朗，陽光明媚，歌德在郊外的別墅裡，請了許多朋友來聚會，也請了席勒。由於人多，歌德只隨便地與席勒講了幾句話。席勒盼望著有一天能和歌德就文學藝術問題長談。但從這以後很久，席勒仍不見歌德召見自己。

席勒失望地給朋友寫信說：「他的世界不是我的世界，我和他的觀念根本不同。與他相處常常會使我不快，他對他最親近的朋友也很矜持，我相信他是個非常自私的人，我對他的感情是一種愛與憎的奇異的混合。」

席勒沒有固定的工作，只有靠寫稿度日，他將自己的窘迫情形寫信告訴給歌德，並順便寄上了自己的詩歌〈歡樂頌〉。他在信中說：

> 歌德先生，請您幫助我介紹一份工作，我將會非常感謝。

歌德看完席勒的詩，覺得席勒的確很有才華，他一邊看信，一邊想：「我一定要幫助他。」

可是，什麼工作才合適席勒呢？歌德想來想去，決定推薦他到耶拿大學任教。他認為，這樣席勒便可以利用課餘的時間進行創作了。

1789 年元旦，席勒被聘為耶拿大學客座歷史教授，擔任哲學、宗教、藝術和風俗史的講師。

5 月 26 日晚，席勒去上了第一堂課。他授課的教室座無虛席，480 名聽眾超過了全校學生總人數的一半。

席勒在耶拿一年多的教學中受到了學生的崇敬，並與貴族小姐夏洛特·馮·倫格費爾德結了婚。但他想要得到的還不僅僅是這些，他還想在這裡繼續施展自己的才華。

席勒在耶拿大學組織了一個志同道合的文學評論小組，並以評論家的身分寫文章。

這時，一位有影響的大出版商科塔發現席勒有從事雜誌編輯和組織工作的巨大能力，建議與席勒合辦一個文藝雜誌。由席勒主辦，他負責經濟，席勒愉快地答應了。

這個刊物名叫《時代女神》，它以席勒的聲望和高稿酬吸引了許多大作家。新刊物一出版就獲得社會上的好評。席勒為了擴大刊物的影響，決心把當時有名的赫爾德爾、歌德和康德請來。他以「無限尊敬他們的團體」的名義，分別發了邀請信給 3 個人。

在這個時候，歌德正為不能寫出新的劇本而著急，他立即回信表示樂意同這些可尊敬的人們結成聯盟。一個月以後，歌德與席勒在耶拿大自然愛好者協會見面了。

雖然這已經不是歌德和席勒的第一次見面了，但此時的席勒作為《時代女神》的主辦人，已讓歌德對他刮目相看。

然而，兩人剛一見面就唇槍舌劍地戰鬥起來。這是因為兩人的哲學觀點不同。席勒是一個康德主義者，他認為真理來自主觀的思考，與經驗毫無關係；而歌德是一個固執的經驗主義者，他認為一切真理都來自經驗，不是來自由主觀思考得來的思想。

會後，歌德陪席勒回住處，兩人繼續談話。歌德興致勃勃地給席勒講植物變態的本質，還畫出象徵性的原始植物的圖形。

席勒聽著看著思考著，對此產生濃厚的興趣。當歌德指出：「這種變態的本質來自經驗，並且完全被經驗所證明」時，席勒卻搖著頭說：「不對，這不是經驗，而是由主觀思考出來的思想。」

歌德一下子愣住了，感到很尷尬，他立即發現了他和席勒的分歧點，結果，誰也說服不了誰。

還是歌德善於應對，他說：「我有理念，但我不知道它，卻又能用眼睛看到，這倒使我十分高興！」

席勒也不想把與歌德的關係弄僵。他反問一句：「難道會存在一種與理念相適應的經驗？因為理念的特點就在於它永遠也不會和經驗相符合。」

在這第一次坦誠相見之後，他們形成了一個磁石的兩極，雖然異質，但相互吸引，而不是相互排斥。歌德對他的朋友說：「席勒的吸引力是巨大的，凡是靠近他的人，都擺脫不了他的控制。」

過了一個星期，他們倆在耶拿再次長談，不過這次談的是藝術理論問題，他們發現，兩人雖然觀點有所不同，但主要思想卻驚人的一致。

這一年的 8 月 23 日，席勒寫了一封長信給歌德。這封信簡直是一篇學術論文。他開始分析了歌德的天才、他的創作方法和精神發展的過程。他聲稱，他對於歌德的了解甚過歌德本人。他在信裡肯定了歌德的從個別到一般的創作方法，認為歌德是直觀的天才，而自己則屬於哲學家、推理人物之列。他也說到自己的缺點：「我缺少客體、形體，思想上抽象的推論太多了。」

在信的結尾，席勒邀請歌德為自己主持的新雜誌撰寫稿件，並指出，如果他們相互學習，取長補短，兩人可以成為最好的朋友。

歌德正好在生日前夕收到了席勒的信，便回了一封言辭懇切的信，說席勒的信是他最好的生日禮物。歌德在信中明確地表示：「我們雙方彼此清楚了我們目前達到的地方，這樣我們就更能不間斷地共同合作。」他還熱情地邀請席勒到威瑪做客。

席勒從耶拿趕往威瑪，住在歌德家中，和歌德朝夕砥礪，共同切磋了 14 天，雙方彌合了分歧，擬訂了一個繁榮民族文化的合作計劃。計劃包括：創辦《時代女神》刊物，作為宣傳自己文學主張、登載文學作品、組織作家群體、培養後代新人的陣地和場所。兩人約定今後就共同關心的問題進行通信。

從此，在德國文學史上開始了歌德和席勒密切合作的新時代。德國文學進入古典文學時期。這個「世界的角落」，彈丸之邦的威瑪，成了德國古典文學運動的中心。

1795 年 5 月，《時代女神》第一期出版了，歌德的〈羅馬哀歌〉、〈德意志流亡者談話錄〉、〈文學上的無短褲黨〉，席勒的美學著作《美育書簡》、《論素樸的詩和感傷的詩》等都發表在這本期刊上。

同時在刊物上撰稿的還有費希特、洪保德、施勒格爾等人，他們後來都成為德國偉大的文化名人。

但這時的德國文學潮流充滿了庸俗鄙陋的市民習氣，讀者們喜愛的是伊弗蘭德等人的通俗小說，他們對文學的一番高論和嚴肅文學作品不感興趣。

《時代女神》雜誌只能在小範圍發行，這使歌德和席勒大失所望。〈羅馬哀歌〉還遭到非議，說詩裡有些下流話，連赫爾德爾也不主張發表它。

歌德憤世嫉俗，早就想對德國的鄙陋狀態、德國文藝界的昏庸和愚昧發起進攻和回擊。因為他辛辛苦苦寫出的 8 卷本《歌德著作集》印了 4,000 冊，訂購者寥寥，僅售出了 626 冊，這使歌德大為感慨。

同年 12 月 23 日，歌德寫信給席勒，建議採用古羅馬詩人瑪迪亞利斯．瓦勒裡烏斯用的二行詩體〈贈辭〉，發起一場論戰，以引起人們的注意。

〈贈辭〉是一種諷刺短詩，多則幾行，少僅兩行，詩體適合於警句、格言、諷刺、訓誡。兩天后，歌德就把試作的 12 首這樣的諷刺短詩寄給了席勒。席勒隨即覆信贊成。於是，兩個詩人你一首，我一首，有時甚至兩人討論，共同創作，分不出是誰作的。他們把這些詩分贈他們的對手，詩句尖酸刻薄，針砭時弊。被觸痛者大有人在。在短時間內，他們共寫了近千首警句詩。

這些〈贈辭〉發表在 1796 年 10 月席勒編輯的《詩神年鑑》上，文學史家把這一年稱作「贈詩年」。

從這一年起，席勒開始了《華倫斯坦》三部曲的寫作，而歌德則著手重新創作《浮士德》，並完成了《威廉 · 邁斯特的學習時代》、《赫爾曼和竇綠苔》等作品。歌德又一個創作高峰來到了。

《威廉 · 邁斯特的學習時代》是歌德完成了自《少年維特的煩惱》問世以來的第二部長篇小說，它是歌德以 1777 年至 1785 年間寫的小說稿《威廉 · 邁斯特的戲劇使命》為基礎，加以改編和擴充寫成的。主要內容是透過一個商人兒子威廉 · 邁斯特加入一個巡迴演出劇團，並透過劇團豐富多彩的演出活動反映 18 世紀末德國戲劇界的繁榮狀況。

歌德後來完成的《威廉 · 邁斯特的學習時代》在內容上比《威廉 · 邁斯特的戲劇使命》要廣闊得多，意義也要深刻得多。這部著作屬於德國文學中的所謂發展小說，其實也就是教育小說。故事講述威廉 · 邁斯特出生於富商家庭，本性善良正直，從小懷有提高與完善自身的受教育思想。處在新時代中的他，為認識自己和世界而接受教育，大膽實踐，增加生活閱歷，經受生活的磨煉，並透過對戲劇藝術的追求和對個人情感的培養，排除了愛情、友情等各方面的種種困擾，最終體會到了生活的意義，達到了他所追求的個人思想境界。

在這部小說中，歌德貫徹了他的務實的人生哲學，即人們應在社會實踐中追求理想，威廉便是在實踐中追求人生的意義，而不是在書本或冥想中追求的一個典型。

歌德之所以能夠順利地完成這部作品，全靠席勒對他的督促和激勵，他把這部稿子完成後第一個拿給席勒看，席勒愉快地稱讚此作品是歌德的又一次突破。

遺憾的是這篇小說發表後，社會反響平淡，並沒有像歌德當年的《少年維特的煩惱》那樣引起讀者的轟動。幸好，歌德在這同一年還完成了史詩《赫爾曼和竇綠苔》，這部作品終於使歌德再次贏得讀者的青睞。

《赫爾曼和竇綠苔》是一首以愛情為線索的敘事詩，取材於1734年出版的一本書名為《從薩爾茨堡被逐的路德派教徒流亡全史》的歷史書。歌德從該書中改編了一個小故事，寫成了共2,000多行、用六音步詩體的長詩，他把故事背景換成了法國大革命。故事情節很簡單：法國軍隊打敗普奧聯軍後，進駐萊茵河地區。難民紛紛從河西岸逃到河東岸。

金獅旅店店主及其妻子救助難民，店主兒子赫爾曼愛上了難民中一個美女竇綠苔。而她早已與另一男子訂婚。但未婚夫去法國參加大革命不幸陣亡。

赫爾曼的父母嫌貧愛富，不肯同意兒子娶一個流浪的貧窮女子。牧師建議將女子帶來看看。赫爾曼的父母一見這女子長得如花似玉，穩重端莊，暗中歡喜，立即改變初衷。這時的竇綠苔原以為赫爾曼是叫她來做女傭的，聽了之後深感意外。其實她也早愛上了赫爾曼，當赫爾曼上前擁抱她時，她拿出了一個裝有200杜卡托的錢袋作為嫁妝。赫爾曼一家更加歡喜。這部田園詩以皆大歡喜的場面結束。

這部從形式到內容都滲透了寧靜的田園牧歌風味的作品，充分體現出這一時期歌德的保守思想和對法國革命的冷淡態度。他在書中把法國革命所帶來的生活動盪和小市民的庸俗平靜生活作了對比，歌德肯定並讚美後者，刻畫了實質上庸俗的小市民生活，對革命帶來的動盪則表示厭惡。

這是歌德與席勒訂交後寫成的唯一有重大意義的作品，席勒稱它為「我們整個當代藝術高峰」的敘事詩。

這年年底，歌德去耶拿席勒家商議第二年的合作計劃，兩人看到了《詩神年鑑》刊登〈贈辭〉引起社會的良好反應。該刊出版後被搶購一空，不得不再版。同時，〈贈辭〉發表後，反對他們的人受到諷刺，很不甘心，紛紛寫文章攻擊他們。

歌德受到攻擊反而有了更大的寫作熱情，他告訴席勒說：「〈贈辭〉只是一個冒險的開始，我們以後必須致力於偉大的、有價值的創作，創造一些高尚的、善良的人物形象和社會現象，使我們的敵人感到羞愧。」

席勒非常支持歌德的主張，他們決定每人寫一批謠曲，作為1797年在雜誌上刊登的新內容。

謠曲是德國獨特的詩歌形式。它源於民間，是將抒情與敘事結合在一起，可長可短，形式靈活多變，為人們喜聞樂見的一種詩體，以前歌德寫過〈野玫瑰〉、〈塞森海姆之歌〉等詩，早已成竹在胸，一旦決定，便手到拈來。幾天之後，歌德便向席勒交卷。席勒肚子裡也有的是故事，他們便你一首、我一首地競相作詩，歌德寫了〈掘寶者〉、〈魔術師的門路〉、〈神與舞女〉、〈科林斯的未婚妻〉等，席勒發表了〈潛水者〉、〈手套〉、〈伊件科斯的鶴〉等著名詩篇。

由於他們創作了這麼多謠曲，1797 年被稱為德國文學史上的「謠曲年」。

合作結出碩果

1797 年 8 月的一天，歌德決定去瑞士旅遊，臨走的時候，他去拜訪了席勒，對席勒說：「席勒先生，我要去瑞士旅行，呼吸一下外面的新鮮空氣，這樣會對我的寫作有所幫助。」

席勒也覺得旅行是非常有益的活動，就說：「您放心出去吧！要記得把你的見聞告訴我。」歌德高興地同意了，隨後就出發了。瑞士美麗的日內瓦湖和阿爾卑斯山的風景讓歌德非常陶醉，陪他參觀的瑞士朋友介紹說：「歌德先生，您不知道吧，這裡就是傳奇人物威廉·泰爾的故鄉。」歌德驚訝極了，他說：「什麼？威廉·泰爾，就是那個領導瑞士人民起義、擺脫外國殘暴統治的民族英雄嗎？」陪同回答說：「是呀，在這裡流傳著很多關於他的傳說呢！」這可是個意外的發現，歌德想：「如果以瑞士為背景，以泰爾為主角，創作一部英雄史詩倒是不錯的主意。」有了這樣的想法，歌德就每天拜訪那些知道威廉·泰爾事跡的人，聽他們講威廉·泰爾的故事，又參觀威廉·泰爾出入過的地方。

歌德還沒有離開瑞士，他的腦子裡，就已經開始構思威廉·泰爾的整個劇情了，他想像著泰爾馳騁在瑞士的大地上的英雄形象，趕緊把頭腦裡的情節、場景、人物一一地記錄下來。

從瑞士回來，歌德把自己的發現和計劃高興地告訴給席勒，席勒高興地說：「看來您的這次瑞士之行，真是收穫不少啊，如果這部作品寫出來，一定會引起轟動的。」

可是歌德太忙了，他既是公國科學藝術事務總監，又兼職宮廷劇院的事務，而且，他還有自己的《浮士德》需要完成。歌德看著自己在瑞士做的記錄，心裡想：「這樣好的題材如果浪費掉，實在是太可惜了。可是我實在太忙了，該怎麼辦呢？」突然，歌德心裡想出辦法，他自言自語地說：「哈哈！我不能親自寫，但可以讓席勒寫呀，他一定願意幫助我的。」想好後，歌德立即拿著所有的資料，興奮地去找席勒。他一見到席勒，就說：「我親愛的朋友，這個忙你一定要幫我！」席勒不知道是什麼事，奇怪地問：「什麼事呢？」歌德說：「你是知道的，我一人身兼多職，忙得不可開交，可是關於泰爾的資料我已經找得差不多了，所以，我想請你來完成這部劇本，行嗎？瞧，我連資料都一起帶來了……」席勒嚇了一跳，不等歌德說完，便說：「先生，您不是開玩笑吧！您要把這些題材都送給我，這怎麼好呢？」歌德微笑地看著席勒說：「我是認真的，朋友，怎麼，難道你沒有信心將它寫好嗎？」

席勒激動得不知說什麼才好，過了很久，他才吐出一句話說：「先生，您真是太無私、太仁慈了。你要我怎麼感謝您呢？您放心好了，我一定會盡我最大的努力寫到您滿意為止。」

歌德緊緊地握住席勒的手，認真地點點頭說：「來，讓我給你講講這個故事的全部內容，如果你有什麼不清楚的地方，還可以隨時來找我。」

席勒以這個題材，用了 6 個星期的時間寫出了他最重要的劇本之一《威廉 · 泰爾》。劇本裡，威廉 · 泰爾被席勒塑造得非常逼真，泰爾故鄉的景色也被描繪得生動、具體，就像席勒親自去過那些地方一樣。

面對人們的讚揚，席勒總是謙虛地說：「我哪裡去過瑞士嘛，都是歌德先生給我的題材，要是沒有他，我是絕對也寫不出這個劇本的。它應該算是我們共同創作的啊！」

而歌德則對他的朋友們說：「我只給他提供了很少的資料，他就能寫出這麼成功的作品，這是他本人的才華！」

歌德向席勒轉讓泰爾的題材的事，後來成為德國文壇的一段佳話。

為了更密切地合作，席勒辭去了耶拿大學的教授職務，於1799 年遷居威瑪。他的住處與歌德家近在咫尺。他經常來歌德家串門。歌德也常去席勒家。他們合作辦刊物的事結束了，為了在文壇上取得更輝煌的成就，他們決定拿出更多的作品來。

作為劇作家，席勒應歌德之邀參與了威瑪宮廷劇院的領導工作，戲劇是他和歌德的共同愛好。他們一起改造劇院，選定劇本，每一次，席勒寫出的劇作總是優先安排上演。這塊神聖的舞臺成了歌德和席勒展示古典文學藝術風格的重要陣地。

最初，威瑪宮廷劇院每五天演一次席勒的劇目，後來縮短成每三天演一次。

歌德與席勒兩人的創作方法和作品風格是截然不同的。歌德寫作全靠自己對生活的體驗，寫東西，從來不徵求別人的意見，只是寫好了以後，才拿給人看。而席勒則是根據理性的需要來選擇安排故事情節，喜歡一邊寫一邊給歌德看。他們在文學創作上經常發生爭論，最後是取長補短，使作品更加完善。

歌德也十分佩服席勒，說席勒的才能生來就是適合於舞臺的。

由於威瑪劇院總是上演席勒的劇本，席勒的名字也一天比一天響亮起來，席勒感動地對歌德說：「我的成功有您的很多心血呢！」

歌德擺擺手，說：「是您的才華使您成功的，和我有什麼關係呢！」

為了促進德國民族文學的發展繁榮，歌德和席勒還計劃成立一個民族文學中心，創辦一所作家學院。在 18 世紀末 19 世紀初的 7 年時光裡，歌德和席勒這兩個文學巨人為德國文學的輝煌殫精竭慮，小城威瑪的天空在這 10 年時光裡，也因這兩顆文學巨星的照耀而變得異常燦爛。

據統計，從 1791 年至 1817 年間，威瑪宮廷劇院上演的劇本共計 118 部，歌德和席勒的劇本就有 37 部，每晚觀眾約 500 人。

為了增加劇院收入，歌德徵得公爵同意，增加星期日晚場，這也豐富了人民的假日文化生活。此外，歌德還請威瑪劇團到梅塞堡附近的療養地勞赫施泰特演出，增加收入，然後分發獎金。

就在歌德與席勒合作期間，小小的威瑪成為當時德國文化中心的時候，他們兩人同時病倒了。

歌德得的是劇烈的心絞痛，席勒得的是一種慢性肺病。他們都病臥在床上，再也不能像以前那樣在一起互相切磋了。只有在身體稍好的時候，他們才會給對方寫幾封信。

席勒在信中對歌德說：「疾病使我的身心都陷入深深的痛苦之中，我感覺到自己的生命力是那麼薄弱，我失去了和疾病抗爭的勇氣，一切只能聽天由命了。」

歌德看見席勒的信，非常心痛，他沒有想到因為疾病的折磨，竟然使好友說出這樣消極的話來，他決定幫助席勒找回生活的信心，他便叫妻子克里斯蒂安娜替自己執筆，給席勒寫了一封回信。

在信中，歌德對席勒說：「雖然我們經受疾病的折磨，生活充滿痛苦，可是，我們不能失去和疾病抗爭的勇氣。只要我們滿懷信心，我們的身體就會好起來的。」

有一天，歌德覺得自己的病稍微好了一點，可以下床活動了，他就急忙穿好衣服，想去慰問病中的席勒，他一邊走，一邊想：「不知道席勒現在怎麼樣了呢？」

當他來到席勒的家門口時，席勒正從自己家的院子裡走出來。歌德看見瘦了很多的朋友，熱情地詢問席勒這是要去哪裡？席勒對歌德說：「我想要去看戲，您願意陪我一起去嗎？」歌德感到自己的體力有些支持不住，便拒絕了席勒的要求說：

「真對不起，我實在太累了。」歌德一直看著席勒的背影消失在街道的盡頭，他沒有想到這竟是與朋友的永別。1805 年 5 月 9 日 15 時，席勒的心臟停止了跳動。這一年，他僅有 44 歲。

這天晚上，歌德患心絞痛，正在床上休息，沒有人敢把這個噩耗告訴他，但歌德的意識裡預感到了有什麼不幸的事發生，他對克里斯蒂安娜說：「我感到，席勒一定病得很厲害，對嗎？」

克里斯蒂安娜把話岔開支吾了過去。過了一下，歌德又對妻子說：「親愛的，你幫我去看看席勒好嗎？他到底怎麼樣了！」克里斯蒂安娜沒有說話，她開始輕聲地抽泣起來。歌德像是明白了什麼似的，他自言自語地說了一聲：「他死了，對嗎？」

克里斯蒂安娜哽咽地答道：「您自己已經說出來了！」歌德再次重複了一句「他死了」，說完轉過身子，雙手矇住眼睛，像個孩子般地痛哭了起來。

心絞痛反覆發作，威脅著歌德的身體，失去朋友的悲傷威脅著歌德的健康。歌德又一次面臨生活和創作的危機，他心灰意冷，3 個星期之後，他寫信給另外的朋友：「我原以為我自己完了，現在失去了一位朋友，等於失去我生命的一半。」

歌德實在不能承受席勒去世的打擊，他的病更重了，醫生勸他去療養。

歌德來到薩勒河畔哈雷附近的勞赫施泰特溫泉療養。溫泉的水，洗去了歌德身體的病痛；溫泉附近的美麗的風光，也醫治了歌德心靈的悲傷。歌德的身體，一天天地好起來。

療養地有一座夏日劇場，1805 年 8 月的一天，劇場準備舉辦《大鐘之歌》的演出來紀念席勒。劇場的經理找到歌德，說：「先生，您是席勒生平最敬愛的人，請您為這場演出寫一首『終曲』好嗎？」歌德傷心地同意了，因為席勒的遺體是在 1805 年 5 月 11 日深夜安葬的，所以歌德「終曲」從可怕的夜半鐘聲寫起：

我聽到恐怖的半夜鐘聲，
沉重而鬱悶，使人感到淒涼。

合作結出碩果

這怎麼可能？是我們的友人？
他關係著我們的一切願望。
死神竟要奪去這可貴的生命。
唉！這個損失使世人多麼悵惘！
這死別沉重地打擊著他的家族！

世人都在哭，我們又怎能不哭？他是我們的！在那好日子裡，這高貴的人是多麼可敬可親，他願意愉快地和人促膝談心，有時十分隨和，有時嚴肅認真，有時敏慧機智，有時充滿信心。把我們的生活準則深刻地闡明，言論和行動總顯得多姿多彩，我們都有這種感受，這種體驗。他是我們的！願這句豪言，強有力地蓋過哀痛的聲音！他本想在這安全的港口裡面，在暴風之後，跟我們永遠相親，讓他的精神有力地邁步向前，一直走向永遠的真善美之境，把控制我們大家的凡庸平常拋在他身後，成為空虛的假象。於是他修好美麗的花園塔頂，他從那裡聆聽星辰的語言，是那樣充滿神祕而又分明，正迎合他的永恆、活躍的思念。他在那裡可怕地顛倒時辰，使他自己和我們獲益匪淺，他就這樣用最高的沉思，對付使我們疲勞的黃昏和黑夜。

歌德和席勒合作的 10 年，碩果累累。他們在這鄙陋的落後的德國，在威瑪這個世界的角落，開創了德國古典文學的新時代。如果沒有這次合作，席勒仍然鑽進思辨哲學裡出不來，歌德仍然精神不振地埋首於作為業餘愛好的自然科學研究，他們能取得這些偉大成果嗎？他們的合作把德國文學推到了一個高峰。小小的威瑪成了當時德國人文薈萃的中心。隨著席勒的死，德國古典文學時期也宣告結束。

認清戰爭的實質

1805 年，隨著摯友席勒的逝世，歌德常常把自己關在一個狹窄的房間裡，用思考的眼光審視自己的一生，尋找今後的努力方向。

他回顧從義大利旅遊歸來後的這一個時期的情況：認識好友席勒後，在他的鼓勵和鞭策下，自己在文學創作上有了不少成績。但是現在好友去世了，他是應該沉淪下去呢，還是繼續創作？

歌德突然意識到，人的一生真是太短暫了，他不能再耽誤下去了，他必須立即將全部的心思投入到創作中去，利用自己剩下的生命去創造出其他人不可能創造出來的東西。

從失去好友的悲痛中醒來的歌德，所做的第一件事就是辭掉了肩上的所有職務。沒有任何工作瑣事打擾的他覺得一身輕鬆。

第二年 4 月，歌德順利地完成了早就想寫完的《浮士德》第一部，當他正計劃著繼續第二部構思的時候，戰爭的陰影籠罩了他的國家。

1806 年 7 月 12 日，拿破崙強制德國 72 個邦成立了「萊茵聯盟」。各邦軍隊共有 63,000 人，與奧地利和普魯士兩大邦形成鼎足之勢。法軍 20 萬人集結在萊茵河兩岸。在拿破崙的指揮下，54,000 法軍開赴耶拿，於 10 月 14 日打響了耶拿戰役。結果，普魯士軍被打得大敗而逃。這次戰役一舉殲滅普軍 40,000 人。

歌德因是名人，受到法軍司令的保護，但是指定住在歌德家的奧熱羅元帥沒有來投宿，卻來了 16 名阿爾薩斯騎兵。他們疲憊不堪，吵吵嚷嚷，要吃要喝，再加上有些失去家園的本地居民來尋求大臣的庇護。歌德的家裡簡直是鬧翻了天，幸虧克里斯蒂安娜善於應付，才將他們的食宿安排妥當。

耶拿戰役之後，拿破崙也來到威瑪，下榻在皇宮裡。11 月 16 日，他接見威瑪樞密院人員，但只見到樞密顧問沃伊克特和沃爾措根。歌德藉口身體不適，寫了便條請假，未參加謁見。公爵不在，只有公爵夫人留守威瑪。拿破崙盛怒之下，要消滅威瑪公國。多虧公爵夫人多方周旋，說她丈夫因系普魯士國王姻親，不得不盡義務參戰，拿破崙才息怒。他提出的條件是：卡爾．奧古斯特不再參加普魯士軍務，並向法國交納高達22萬法郎的軍費。後經過俄國沙皇說情，威瑪公國才保住。

但是，戰爭終究是殘酷的，威瑪城在大火和搶掠的雙重摧殘下，不幾天就面目全非，體無完膚了。歌德深深地感到痛心。

1808 年，耶拿戰役過去兩年了。拿破崙在進軍西班牙之前來到埃爾福特。這時的拿破崙聲威顯赫，原神聖羅馬帝國領土上的 4 個國王和 34 個公爵都來這裡向他表示朝賀。已被迫加入了萊茵聯盟的卡爾．奧古斯特公爵當然也得到場，他發了請柬給在威瑪的歌德，說拿破崙要召見他。

此時，歌德剛接到母親去世的消息，他非常不願意會見這位法國皇帝，但經過思索以後，他還是去了埃爾福特。

這年 10 月 2 日，歌德第一次會見了法國皇帝拿破崙。拿破崙當時正在前總督達爾貝格的宮殿裡處理公務，歌德穿著燕尾服，走上臺階，進入皇宮等候接見。關於這次的接見，歌德在 16 年後親自口授了大致經過：

> 我走入宮內。皇帝正坐在大圓桌旁享用早餐。他右側，離桌子稍遠處，站著塔列朗，他左側，近處站著達魯。皇帝正與他談賠款的事情。皇帝示意要我過去。我走了過去，在他面前的適當地方停下來。
>
> 他注視我一下以後，說：「您真是一位人物。」我鞠了一躬。他問道：「您多大年紀了？」
>
> 「60 歲。」
>
> 「您保養得很好。」
>
> 「您寫過悲劇。」我回答了最必要的話。這時達魯接過話頭。他為了向他得罪了的德國人討好，提到了德國文學，還說他精通拉丁文，甚至編輯出版過賀拉斯的著作。
>
> 他談論我，就好像我在柏林的恩主談論我一樣，從他的話裡至少我看出他們的思想方式和想法。接著他補充說，我也從法文譯過些東西，具體地說，譯過伏爾泰的《穆罕默德》。
>
> 皇帝說：「這不是一個好劇本。分析過於煩瑣，對這個征服世界的人作了這樣不出色的描寫，很不合適。」然後他把話題轉到《少年維特的煩惱》上來。想必他徹底地研究過這本書。他發表了許多完全正確的意見，然後提到某一個地方，說：「您為什麼這樣寫呢？這樣寫是不合情理的。」他對此作了詳盡的分析，並且完全正確。
>
> 我面帶笑容傾聽他的論述，微笑地回答說，我雖然不知道是否有人也同樣指責我，但是我覺得他的意見完全正確，承認檢查起來

這一段確實有些不真實。我又說，只是，如果一個詩人使用一種不容易發現的技巧，以便產生用淳樸自然的方法達不到的某種效果，那也許應該原諒他。

皇帝對此似乎是滿意的，他又回到了戲劇的話題，並且提出了十分重要的意見，有如一個人像刑事審判官那樣全神貫注地觀看一出悲劇，同時深深感到法國的戲劇既不自然，又不真實。

他還談到命運劇，他說，它們屬於黑暗的時代。他說，現在什麼是命運呢？政治就是命運。

然後，他又轉向達魯，與他議論起徵收軍稅的大事來了。我則稍稍後退，剛好站到窗戶的旁邊。

等了好一下，皇帝起身向我走來，打手勢叫我離開我站的那一排人。

這裡我必須說明一下：在這整個談話中，我不得不對皇帝的話表示讚賞，因為他聽我講話時很少是面無表情的，他要麼沉思地點點頭，要麼說「是的」或「這很好」之類的話。同時，在他說完話時，通常還要加一句：「歌德先生的意見呢？」

最後，我抓住了一個機會，用一個手勢向負責禮賓的官員詢問，我是否可以告辭了。他肯定地回答後，我便立即告辭了。

這次會見持續了一個多小時，當歌德走出房間時，拿破崙對身邊人說：「這真是個大人物！」

4 天以後，拿破崙來到威瑪城，為了向他表示敬意，威瑪宮廷舉行了盛大舞會，劇院裡還演出了《凱薩之死》，歌德被邀出席。

10 月 14 日，在耶拿戰役兩週年之時，拿破崙向歌德和另一個德國詩人維蘭德頒發了法國榮譽軍團勛章，這是拿破崙送給他們的臨別禮物。

拿破崙如此看重歌德，讓歌德有些吃驚。當然，歌德心裡明白，坐在拿破崙對面的歌德，是文學家歌德，而不僅僅是威瑪公國的有職無權的大臣。

拿破崙走後，歌德對占領軍及占領軍統帥的態度遭到了輿論界的指責，人們譴責他在關鍵時刻既沒有拿起武器，也沒有發揮一個知名詩人吶喊的作用，而德國人民一直進行著反法抗爭，並於 1831 年 10 月將拿破崙打敗。

在反法抗爭中，許多德國作家，如寇爾納、莫里茨、艾辛多夫等都走上前線，參加戰爭。寇爾納還血灑疆場，犧牲在前線。有人說，如果席勒活著，他也一定會參軍的。但是，歌德卻做了一個旁觀者，他不僅自己不去參軍，而且還命令自己的兒子不許進入戰場。

歌德的這些行為受到了德國人的指責，他們說他缺乏「愛國心」和「民族感情」。那麼，真的是這樣嗎？當然不是，只不過歌德對法國革命的態度是冷淡的，因為他反對暴力。

歌德之所以沒有去參加反法戰爭，是因為他對拿破崙戰爭持有不同的看法。客觀地說，拿破崙入侵德國，在破壞的同時，也給德國帶來法國革命開明的思想和制度，多少促進落後的德國。歌德從德國人民的長遠利益出發，認為即使解放戰爭取得了勝利，人民也仍會受封建統治的壓迫，而拿破崙的戰爭反而能使人民擺脫封建壓迫，得到較大的自由。

因此，歌德對反法的「解放戰爭」始終抱著冷漠旁觀的態度。

寫出傳世精品

1807 年，歌德的身體基本康復，創作的欲望再次漸漸高漲。這一年，在耶拿流行的 14 行詩，歌德也很熱衷。

同年 11 月 7 日，歌德去了耶拿。他覺得只有在耶拿幽靜的環境下，他才能安安靜靜地創作。

儘管歌德在弗勞恩普蘭的住宅裡有 30 個房間，但自從他與克里斯蒂安娜同居 5 年後，她的妹妹和姑媽都搬來了這裡，到後來，克里斯蒂安娜的哥哥也來住了很長時間。

這樣一來，客人們喧賓奪主，竟把歌德擠到後院的一個小房間裡去了。不過，寬容的歌德從來沒有和妻子的家人鬧得不愉快，只是他和他們沒有多少共同語言。

席勒在世時，歌德經常去耶拿居住，在那裡，他住在兩座宮殿式的住宅裡。但是冬天屋子空蕩蕩的，很難燒暖和。他便租住民房，甚至住進旅館。一年之中有 4 個月，甚至半年的時間他都在耶拿度過。有時候，他還讓克里斯蒂安娜和孩子來耶拿團聚共度週末。

席勒遷居威瑪後，歌德去耶拿也少了，隨著席勒的去世，耶拿戰爭的爆發，歌德更是很久沒有去耶拿了。

這個時候的耶拿正值寒冬，歌德只帶了一個僕人住在自己的房子裡，感到很冷清。在耶拿的出版商弗羅曼聽說後，便立即邀請歌德到自己家裡居住。

當晚，歌德坐著馬車，來到弗羅曼的家裡。

弗羅曼雖然是個出版商人，可是學識非常淵博，而且志趣高雅，為人善良。他有一個養女，名叫米娜·赫茨裡普，以前歌德來訪時，她還是一個穿白色童裙的小女孩，現在剛好是芳齡 18 歲，長成如花似玉的女子了。她那又白又嫩的臉上，長著一對水汪汪的烏黑的大眼睛，薄薄的嘴唇，細巧的鼻子；她把烏黑的辮子盤到腦後，使面龐顯得更加清秀、漂亮，就像剛綻開的花蕾一樣純潔和美麗。

弗羅曼讓女兒為歌德彈奏一曲音樂。米娜就一邊彈著鋼琴，一邊用動聽的歌喉唱起歌來。美妙的歌聲把歌德帶回到自己的青春時代，他忽然覺得，自己又擁有了青春的活力。一曲結束，大家都熱烈地給米娜鼓掌。弗羅曼對歌德說：「先生，您那麼會寫詩，您得寫一首詩來讚美我們美麗的女孩呢！」米娜用清水一樣的眼睛，看著歌德。她的眼睛，就像一面亮亮的鏡子，映照出她童年時和歌德在一起遊戲的歡樂時光。歌德立即用當時流行的十四行詩來讚美米娜，這就是他著名的 14 行詩〈成長〉：

當妳是可愛的小孩，
跟我一起跳向田野和牧場，
享受春光。
有這個女兒，我要像父親一樣，
殷勤照顧，建造幸福的住宅！
當妳開始面對現實的世界，
妳的樂趣轉向家事的繁忙。
有這個姐妹！我就感到舒暢：
我們彼此會怎樣互相信賴！

如今妳無限制地美麗地成長；
我心裡感到一種熱烈的狂戀。
我去抱住她，減輕我的煩憂？
唉，不，妳只能是我的女王：
妳婷立在我面前，那樣傲岸；
只要你投來一瞥，我便低頭。

在年齡上，歌德可以當米娜的父親，可歌德在詩中卻逐步降低自己的身分，稱米娜為姐妹、為女王。不難看出，此時的歌德再次愛上了這位年輕的女孩，但這時他已經懂得怎樣壓制住自己的感情了，他感到自己是沒人要的近 60 歲的老頭了。

歌德和弗羅曼說完話後，默默地回到主人為他安排的臥室休息去了。歌德在耶拿住了一個多月，米娜的形象始終縈繞在心頭無法排去。一年後，他以米娜為原型，創作了戲劇《潘朵拉的歸來》。

潘朵拉是希臘神話中的第一個女人。相傳普羅米修斯盜天火給人類以後，宙斯圖謀報復，一方面將普羅米修斯綁在懸崖上受酷刑；另一方面命火神赫菲斯托斯用黏土捏成美女潘朵拉，送給普羅米修斯的兄弟艾比米修斯做妻子。潘朵拉出於好奇心，私自打開宙斯要她給艾比米修斯的一隻「百寶盒」，裡面所裝的疾病、瘋狂、罪惡、嫉妒等禍患一齊飛出，只有希望留在盆底。從此人間有了各種災禍和毒蟲。

歌德寫作的《潘朵拉的歸來》重新為這個故事作了一個結局，他將結局改成：普羅米修斯的兒子斐列羅斯和艾比米修斯的女兒艾比美萊亞在迷誤和誤解之後結合為眷屬，潘朵拉終於重新變成了人。

歌德的這個劇目問世後，他立即請宮廷劇院的演員們排演，雖然此時的他已經不是劇院的第一領導了，但對於他的作品，劇院工作者們仍然非常願意配合演出。

不久以後，這部戲在威瑪宮廷劇院上演了，人們看完以後，都感嘆地說：「潘朵拉是個多麼可愛的女人喲！」

歌德在心裡默默地說：「唉，其實這只是米娜可愛的一方面而已。」

歌德對米娜念念不忘，他為了化解對她的思念，引用化學術語「親和力」作為下一本長篇小說的書名，開始寫新的小說。

親和力是瑞典化學家托伯恩·伯格曼在 1775 年發表的論文中用的一個術語，歌德讀到了海因·塔博爾 1792 年的譯文。它的含義是：自然界的不同元素和物質之間有著不同強度的吸引力和聚合力。特別是酸性和鹼性物質，AB 化合物和 CD 化合物在一起發生化學反應，會生成新的化合物，變成 AC 和 BD。這就是說，親和力強的物質聚合在一起，親和力弱的物質則分離開。

歌德出於自己的生活體驗，借用自然科學術語來研究人類的男女情愛關係。他本來在 1807 年開始寫小說《威廉·邁斯特》的第二部時，想把「親和力」的故事作為小說的一部分。但他後來發現僅僅用一部分來寫這個化學術語是遠遠不夠的，於是他在 1809 年，又寫了一部長篇小說《親和力》。

這部小說的內容大致是：愛德華和夏綠蒂在青年時代就相愛，後來受資產階級社會財勢力量的支配，各自與一位年長而富有的對象結婚。直至年長的一方雙雙死去他們才缺月重圓，過著幸福而平靜的生活。

不過當愛德華和夏綠蒂分別把朋友上尉和侄女奧蒂莉接來同住時，他們由友善維繫的關係便出現了裂縫：愛德華愛上了奧蒂莉，夏綠蒂也被上尉吸引。

夏綠蒂的深思熟慮和現實感使她有力量壓制自己的願望，她堅持自己做妻子的義務，反對離婚；上尉也能以理智約束感情戰勝內心的愛情，毅然離開朋友的家。但愛德華和奧蒂莉卻沉溺於愛河中不能自拔，破壞了婚姻的神聖。

最後愛德華投身到戰爭中去，英勇作戰，勝利歸來。愛德華回家後，懷著強烈的願望要求解除婚約。奧蒂莉是個天真無邪的純情少女，一天不小心無意將夏綠蒂和愛德華的孩子淹死，使得企圖借孩子挽救婚姻的夏綠蒂心灰意冷，同意離婚。

奧蒂莉深感內疚，不願嫁給愛德華，終日憂鬱，不吃不喝，最後命赴黃泉。愛德華陷入絕望之中，也跟著離開人世。兩人被合葬在村子的小教堂裡，並肩長眠。而夏綠蒂和上尉也一直沒有再婚。

在這部描寫個人關係而實際上超越個人關係的小說中，化學上的親和力成為古希臘悲劇中的「命運」一類的超自然力量的象徵，但在具體的思想、觀念、結構上，又開啟了 19 世紀批判現實主義的先聲。它與《少年維特的煩惱》、《威廉·邁斯特》不同，它們仍屬 18 世紀的小說，《親和力》的精神則已進入 19 世紀。

其實，在歌德生活的年代裡本來就存在離婚再嫁或再娶的現象，而偷情野合的現象古今中外也都有，是全世界司空見慣的事。歌德以其詩人的敏銳感覺，把它作為一個問題來探討，給人以新穎之感。

他的這部小說向人們表明：男女之間的愛情關係如同化學元素一樣，「親和力」會因為吸引力的變化而變化，似乎這是一種自然規律。但小說的結局表明，這種破壞了傳統習俗的親和力只會給人帶來不幸，似乎只有死亡才能解脫這種關係。

有人認為《親和力》是德國第一部心理小說。並認為小說中的人物都是歌德生活中的原型。奧蒂莉很像米娜，那麼美麗、善良。夏綠蒂則似乎同施泰因夫人很像，至於愛德華和上尉則是歌德本人。

歌德寫的這本心理小說立意新穎，影響深遠。由於《親和力》涉及愛情和倫理，它的問世像當時 25 年前的《少年維特的煩惱》一書一樣引起了轟動。

撰寫成長的軌跡

1810 年，歌德 62 歲了，他的生活正式步入了老年階段。此時的歌德似乎已經功德圓滿，因為從 1806 年起，他的《歌德著作集》陸續出版，至 1808 年為止，已經出版了 12 卷。他開始思考人到老年應該怎樣生活？應該追求什麼？歌德想到了三個方面的問題：第一是過清閒、安樂的享受生活；第二是積極參加社交活動，使自己得到更多的榮耀；第三是不追求生活享受，不追求虛榮，杜絕禮節性的交往，埋頭幹一番事業。歌德選擇了最後一種，他想要在自己晚年的時候憑藉自己全部的生活經驗寫出更優秀的作品。

既然準備幹一番事業，首先就要有明確的奮鬥目標，他將寫完《浮士德》以及長篇小說《維廉．邁斯特的漫遊年代》作為自己晚年的「主要事業」。另外，他還打算繼續研究自然科學。

歌德懂得要完成這樣艱鉅的任務，要有毅力，要有時間，要有計劃。歌德說：「向著某一天終於要達到的那個終極目標邁步還不夠，還要把每一步驟看作目標，使它作為步驟而起作用。」

沒有步驟，沒有計劃，沒有要求，就會無意地拖延時間。歌德強調珍惜時間。要完成巨大的任務，需要時間。尤其是年老體衰，工作效率低，就更需要時間。他說：「最值得高度珍惜的莫過於每一天的價值。」因此，他每天晚上都要檢視自己今天做了什麼，明天又打算幹什麼。

正是在這個時候，德國的文學家和藝術家們掀起了寫自傳的浪潮，歌德的好友畫家哈克特也寫出了一本傳記送給了他。

接著，歌德收到了很多讀者的來信，他們在信中大都請求歌德談一談他創作詩歌的情況，如寫作素材、創作心境、受前人什麼影響，以及信奉什麼樣的理論原則等。

歌德接到這些信後，一一進行了回覆，他在日記裡寫道：「這種誠懇、真摯地表達出來的請求，我立即順從地答應了。」

歌德又要開始寫作了，這次，為了滿足讀者的要求，他計劃寫一本關於自己創作的書。他想，如果將這部著作寫成純粹談創作經驗的作品，那無非是給自己的作品作註解，把問題簡單化了。還不如將它寫成自傳性的東西，讓讀者對自己的整個生活經歷有所了解，從而使讀者知道他的詩歌創作都是來自生活的真實經驗和他親身體驗所激發起來的感情。

1811 年年初，歌德開始動筆寫《真與詩》，為了讀起來順口，他又將書名更改為《詩與真》。

在這本書的自序裡，歌德首先杜撰了一位朋友的來信，在信中，「這位朋友」表示通讀了歌德的所有詩作，希望對歌德有更清楚的了解：

> 「那麼，我們請求您的第一樁事就是請您把您的新版的、照著內部關係編排的作品按照年代的順序作個說明，即談談提供它們的素材的生活情況和心境，也談談影響您的前人的榜樣，以至您所信奉的理論原則，以使我們了解它們相互間的關係。如果您不辭煩勞，為您所親愛的少數人作這樣的說明，其結果也許會使得多數人感興趣和受益。」

於是，歌德決定順從「這位朋友」的願望：「我因此馬上開始了眼下這件工作，把全集 12 卷所收的大小作品挑選出來，按著年月的順序重新排列。我極力回憶我撰寫它們的時日和景況。」

歌德的這部《詩與真》共分 4 部，前 3 卷於 1814 年前寫成，在這部書裡，他從幼小到 26 歲時的生平事跡按年代順序寫出。書中，除了著重談他如何接受別人的文學影響和自己的創作經驗外，還涉及了歌德生活的各個方面。其中有兒時調皮的故事、學習的樂趣、家庭生活的和美、朋友的交往、人生哲理的探討、旅行的遊記和戀愛等。在寫作手法上也是有很多變化的。有時議論，有時敘述，有時抒情，有時描寫，文筆變化多趣。

歌德所以把這部自傳性的作品取名為《詩與真》，就是想明確地告訴讀者，他的全部詩歌創作，都是來自真實的生活經驗。但遺憾的是，這部自傳只敘述到歌德 26 歲，即到威瑪之前。不過，26 歲以前的歌德，正是世人所不了解的，因為在此以後，他始終處在大庭廣眾之中，為世人所矚目。

透過《詩與真》，可以看到一代天才的成長軌跡、心路歷程。誠如歌德自己所說：「一個人最有意義的時期就是他的發展時期。」

歌德為後人留下了一份寶貴的有關他自己的發展時期最為可信、最為珍貴的研究資料，這是這本自傳的最大特色。自傳都力求真實，不能文過飾非，他說：「無論在宗教方面、科學方面，還是在政治方面，我都力求不撒謊，並鼓足勇氣把心裡所感受到的一切都如實地說出來。」

歌德在本書中表現出來的深刻的自我解剖精神，可以和盧梭的《懺悔錄》相媲美。

出版《西東詩集》

1814 年 7 月的一天，很久沒有旅行的歌德又一次產生了旅行的願望，這次，他想去自己熟悉的美茵河和萊茵河。

幾天後，歌德坐上了顛簸的馬車，離開了威瑪。

馬車順道進入歌德的故鄉法蘭克福，他已經很多年沒有回到這裡了，歌德遠遠地望著他家的三層樓的房子，心中充滿著落寞與傷感。他的父母以及心愛的妹妹都早已經離開了人世，現在居住在那裡的，都是些陌生的面孔了。

歌德不想觸景生情，他趕緊叫車伕快點離開。

8 月 16 日，歌德在賓根城趕上過聖 · 洛胡斯節。聖 · 洛胡斯是德國民間傳說中的保護人們免於鼠疫的聖徒。人們為了祈求他的保佑，年年祭祀他。

這一天，賓根城載歌載舞，節日的熱烈氣氛感染了歌德，讓他彷彿又回到了年輕的時代，回到了史特拉斯堡附近的塞森海姆鎮，想起那裡住著的美麗的小莉克和那群可愛的年輕人。

離開賓根城，歌德又去奧芬巴赫附近探望了老朋友、銀行家、市參議員維勒默爾。

維勒默爾是普魯士政府的金融代理人，即商業顧問。他對文學有廣泛的興趣，還自己寫劇本。他兩度喪偶，最後一次他迎娶了比自己小很多的女孩瑪麗安娜 · 馮 · 威利美爾。

瑪麗安娜本是一個小演員，和她的母親一起過著流浪的生活。14 歲時為維勒默爾收養，接受了良好的教育。她能歌善舞，活潑聰明，也一天比一天地漂亮。當她長大成人的時候，嫁給了自己的養父。

當時的瑪麗安娜 30 歲，溫柔、多情、善解人意，而且性感，重要的是她還很有才華，能彈奏很優美的鋼琴曲，歌喉也像夜鶯一樣動聽。更讓歌德驚訝的是，她能像歌德一樣寫出優美動人的詩句。

歌德不禁由衷地欣賞她的才華，他對瑪麗安娜感慨地說：「你真是太了不起了，才華和美麗居然同時集中在你的身上。」

儘管歌德很喜歡瑪麗安娜，但剛剛出版過《親和力》的他深知，情欲能帶來歡樂，也能帶來痛苦。歌德不想陷入其中，便繼續他的旅程。

歌德來到萊茵河畔的美麗城市海德爾堡，年輕的天主教徒蘇爾皮茨·布瓦斯萊和麥爾歇爾·布瓦斯萊兄弟盛情接待了他。他們都是歌德的崇拜者，對於這位名人的到來，兄弟倆拿出精心準備的禮物，讓歌德大開眼界。

那是這兄弟倆人 10 多年來處心積慮收集到的萊茵河地區的教堂中德國中世紀的木版畫。雖然歌德對古代藝術品並無特別的愛好，而且古代藝術所體現的審美意向也和歌德很不一致，但歌德的心靈還是被震撼了。特別是當他看到羅古爾·萬·魏頓的《三聖神龕圖》時，他不由得發出了由衷的感嘆。

歌德激動地對布瓦斯萊兄弟說：「這幅畫展現的是一個完全新奇的我從沒有見過的色彩和形象的世界，它使我偏離了我的舊觀念。哦，這是一個嶄新的、青春永駐的世界啊！」

從 9 月 24 日至 10 月 8 日，歌德一直待在海德爾堡，在他回程的時候，他又一次來到了維勒默爾的家裡。

10 月 18 日，瑪麗安娜在丈夫鼓吹下穿著德國古裝，賓主共慶萊比錫大戰勝利一週年。附近山谷到處燃起了節日的篝火，她陪歌德去觀看。這位少婦給歌德留下了很深的印象。

歌德回到威瑪後，便著手研究東方文學。因為此時歌德崇拜的天才人物拿破崙已先後被流放到厄爾巴島和聖赫勒拿島。歌德對時局感到失望透頂，他目睹「北方、西方、南方在分崩，帝國破碎，邦國震動」，他感到東方才是唯一純潔的樂土。

歌德找到哈默爾翻譯的波斯詩人哈菲茲的詩集。哈菲茲歌頌美酒和愛情的詩很合他的口味，引起了他感情上的共鳴。

在哈菲茲詩集的引導之下，歌德決心也創作一大組以自然與愛情為主題的抒情詩，並把組詩冠名為「底瓦恩」，即波斯語「詩集」之意。歌德把不期而遇的走進自己生活的瑪麗安娜寫成為一位波斯美女，詩中的名字叫蘇萊卡，而歌德自己在詩中的波斯名字叫哈臺木，這本詩集正式命名為《西方詩和東方詩詩集》，又稱《西東詩集》，是歌德晚年最重要的作品之一。

《西東詩集》並不單純是一部愛情詩集，它由一卷又一卷、一首又一首的套詩、組詩組成，既單純又深刻複雜，在對個別事物的表現中，又因其納入了一個更大的系統而成為一個具有廣泛聯繫的整體。

全書共計 12 卷，主題包括東西方的宗教、詩人的責任和自然知識、人類的愚智、對生滅之物的洞見以及世俗的快樂等，歌德成熟的世界觀在這組詩中充分顯現出來。

歌德並沒有到過東方，但在詩歌中卻在東方盡情徜徉。他試圖打通東方和西方文學藝術、哲學、宗教等方面的界限，使其融洽地融合在一起。這部詩集顯示出歌德大膽的求索精神和海納百川的博大氣概。

《西東詩集》的問世再一次向世人宣告，歌德是那個時代最為出色的抒情詩人。

發表愛情絕唱

1815 年 10 月中旬，歌德結束了帶給他創作之源的萊茵之旅，回到了威瑪的家裡。妻子和兒子都熱情地歡迎他。

遺憾的是，這一年的克里斯蒂安娜不幸患病，並在第二年病逝。

為了填補妻子去世後的空虛，歌德除了投身於《浮士德》第二部的創作外，還開始為兒子奧古斯特挑選對象。

此時小奧古斯特已近 30 歲，是威瑪公國的法庭總顧問。當年歌德的父親多麼想讓自己的兒子成為一名優秀的執法人員，卻不想這個願望最後在孫子這一代身上實現。

小奧古斯特繼承了年輕時候歌德的帥氣形象，是個漂亮的美男子，他本來不願意這麼早就娶妻生子的，但在父親的堅持下，他又不得不妥協。

歌德為兒子找到的對象是奧蒂麗．馮．波格維施。她出生在北德一個破落的貴族之家。奧蒂麗很快答應了這門婚事，而奧古斯特屈於父親的意志也只好同意。於是兩人在克里斯蒂安娜去世一週年以後便結婚了。

但是，他們雙方感情不和，常有吵鬧的事情發生。後來，奧蒂麗的母親和妹妹也都住進了歌德的弗勞恩普蘭府。反正這對歌德來說不是第一次，他只好又常常到耶拿去，住進那裡的宮殿式住宅。

就在這時候，歌德的家裡來了一位意想不到的貴賓。這就是他青年時代的女朋友，韋茨拉爾的綠蒂·布弗。44 年前歌德逃走後，她同未婚夫克斯特納結婚了，跟他生了 12 個孩子。克斯特納早已在 1800 年病故。這位孀婦來到威瑪，表面上是要看望她的小妹一家，實際上是利用同歌德的老關係，為她妹夫升官來求助的。

他們已經有 44 年沒有見面。其間只是偶爾通信。相見之後，已經顯得陌生和疏遠。歌德 67 歲，身體已經發福，走路顯得動作遲緩，不大靈活。他的面貌與當年在韋茨拉爾相去甚遠。綠蒂 63 歲，頭不斷地顫抖，生活已給臉上留下了不少皺紋。午宴後，歌德讓她看了以前她丈夫送給他的她一家的剪影，並邀請她去看戲。但不管怎樣回憶往事，他們的青春已逝，雙方都已經沒有昔日的激情了。

1818 年 4 月，歌德的長孫瓦爾特爾出生了，幾年後，第二個孫子沃夫岡和小孫女阿爾瑪也相繼來到人間。在孩子們面前，歌德是慈祥的。他寫作的時候，孩子在他身邊快樂地玩耍。他有時也參加孩子的遊戲，70 多歲的歌德童心未泯。

讓人沒有想到的是，此時的歌德仍然是個多情的種子，他以 70 歲的高齡又一次地陷入情網之中。

由於身體關係，從 1785 年至 1823 年，歌德幾乎每年都到波西米亞渡假，據統計，他在這階段共渡假 1111 天。以前他多半在卡爾斯巴德浴場。1821 年夏天，他想起了 15 年前在卡爾斯巴德浴場見過的馮·列維采夫夫人。她當時同丈夫離婚，獨自帶著

3 個孩子生活。以後她嫁了人，但丈夫又死了。這時她有了一個男友，是奧地利的一個伯爵，因為宗教信仰不同，不能結婚。伯爵給她在馬里恩巴德建了一幢別墅，可以出租。於是歌德就驅車去那裡，住在這位太太家裡。

烏爾莉克是列維采夫夫人的長女，只有 17 歲，她有一雙淡藍色的眼睛，褐色鬈髮，看上去有點像歌德已故的妻子或遠方的女友瑪麗安娜，但遠遠不如她們漂亮。論姿色，烏爾莉克是歌德眾多的女友中最不漂亮的。但她在這位 70 多歲的老人面前，卻有著少女青春的魅力。

烏爾莉克對這位世界知名的大文豪一無所知，她沒有讀過他的書，也讀不懂他的書。歌德把剛寫好的小說《威廉．邁斯特的漫遊年代》給她讀，像老爺爺給孫女講故事一樣。

與烏爾莉克在一起，老年的歌德受到青春力量的感染，覺得自己也變得年輕了。這年 8 月 21 日，他寫信給兒子說：「我在這裡很好，絕不像奧蒂麗所想像的那樣單調。」

烏爾莉克陪歌德玩了一個夏天，給了這個孤獨的老頭不少安慰。

第二年 6 月 29 日，歌德再去那裡渡假時，就愛上了這個年輕的女孩。她把歌德當作父親一樣對待。歌德在給她的信裡也說，「愛您的父親也會永遠記住自己美麗而忠實的女兒」。

1823 年 2 月，歌德患了心包炎。發燒，打寒戰，眼睛疼痛，病情險惡。他感到不久於人世，朋友們都在為他擔憂。兩個醫生都認為他沒有希望了。他對醫生說：「你們把全部本事拿出來，也仍然救不了我的命！死神包圍了我，我要死了。」

但是在他身上再一次出現了奇蹟，他又一次從死神手裡奪回了自己的生命。

6 月中旬，他再一次到馬里恩巴德休養。這一次他住在列維采夫夫人家對面的「金葡萄」旅社卡爾．奧古斯特公爵住過的房間。烏爾莉克和母親及妹妹來了，歌德每天都和她們待在一起，他的身體漸漸得到康復。

7 月，卡爾．奧古斯特公爵也抵達馬里恩巴德，歌德決定請公爵代他向烏爾莉克求婚。

公爵起初以為歌德是在開玩笑。但歌德表示這是當真的時候，公爵就熱心充當媒人了。可是求婚遭到了列維采夫夫人的婉言拒絕。列維采夫夫人還請公爵不要馬上把拒親的事告訴歌德。

得不到回音的歌德傷心地啟程回威瑪了。在顛簸的馬車上，他充滿激情和哀怨，痛苦地寫出了他晚年最著名的〈馬里恩巴德哀歌〉，連同〈致維特〉和〈撫慰〉合稱《愛欲三部曲》。

歌德的這首〈馬里恩巴德哀歌〉與〈羅馬哀歌〉不同，〈羅馬哀歌〉有著歡快明朗的基調，而這首〈馬里恩巴德哀歌〉卻是在真正訴苦。歌德將這些詩完成後並沒有立即發表，而是藏了起來，因為他的兒子和兒媳聽說他向一個 17 歲少女求婚的事後非常不理解。

他們和歌德大吵了一架，歌德再次病倒了。

幸好，波蘭女鋼琴家瑪麗亞．施馬諾夫斯卡妮與她妹妹來歌德家做客，給歌德帶來了新的快樂。

瑪麗亞很早就聽說了歌德的名字，她非常喜歡閱讀歌德的作品。歌德的許多首短詩都曾被貝多芬、莫札特等人譜成曲子，在世界上流傳很廣。

瑪麗亞來到歌德家，看見病中的歌德嚇了一跳，她好心地對歌德說：「先生，您看上去精神很不好，也許我不該來打擾您。」

歌德虛弱地微笑著說：「沒有，瑪麗亞小姐，您的到來使我覺得好多了。我知道您是位鋼琴家，請您為我彈奏一首鋼琴曲，好嗎？」

瑪麗亞坐到鋼琴前，非常專心地為歌德彈奏起來。悠揚的琴聲像清澈的溪流從歌德心頭流過，歌德悲傷的心靈慢慢地平靜下來。從這天以後，瑪麗亞經常到歌德家裡，彈貝多芬等人的鋼琴曲給他聽，並演唱歌德的詩歌給老人聽。

與此同時，歌德的老朋友采爾特也從遠處趕來照顧他，歌德終於從悲傷的世界裡走了出來。

再創文學精品

1823年6月10日，一個非常靦腆的年輕人誠惶誠恐在跨進了歌德的客廳。

這天上午，歌德正躺在病床上構思一首詩歌，當僕人向他通報有客人到來時，他才緩慢地起身來到客廳。

見到歌德，年輕人激動地站起來向主人問好：「您好，歌德先生。我很仰慕您的才華，今天能見到您，真是太高興了。」

歌德一邊點頭一邊示意對方入座，並在年輕人對面坐了下來。

年輕人將自己的名片遞給歌德，歌德看後問道：「哦，你是愛克曼先生，你是個旅遊家嗎？」

愛克曼先生回答：「嗯，是的，我去過許多地方呢！」

歌德微笑著點點頭：「太好了，我已經很久沒有去旅遊了，你看，我現在身體總是不好，你可以講一講你到過的地方嗎？」

愛克曼沒有想到這個偉大的名人為人這麼隨和，他緊張的心漸漸放鬆下來，他給歌德講了很多旅行的見聞。

歌德覺得有趣極了，當愛克曼想要告辭的時候，歌德熱切地邀請他在下午繼續來家玩。

愛克曼真是太高興了，他下午來的時候給歌德帶來了一些很罕見的岩石。歌德高興得像個孩子似的，他最喜歡研究這些奇怪的石頭了，他開心地對愛克曼說這是他最近收到的最好禮物。

愛克曼很快就與歌德老人建立了穩固的友誼，但因為歌德的病情時好時壞，他需要得到更進一步的休養，於是，他要求愛克曼留在威瑪長住下來，等自己病情穩定後充當自己的助手，幫助他編輯自己早年發表的一些著作。

這對愛克曼來說真是天大的恩賜了，他喜出望外，一口答應。這年 10 月，當歌德的身體完全康復後，愛克曼正式成為了歌德的文藝學徒，同時也擔任起了歌德的私人祕書。從這一天起，愛克曼幾乎天天都到歌德家去請教，幫歌德處理一些日常事務。

有一天，愛克曼對歌德說：「我真希望自己能夠像您一樣，寫幾部著名的作品留給後人。」

歌德很嚴肅地回答他說：「這當然是很好的願望。可你千萬要記住，不管你將來想要寫什麼，你一定要從自己的生活中取材。你只有用自己經歷過的真情實感才能寫出偉大的東西。」

歌德的話讓愛克曼受益匪淺，從這以後，他每逢聽到歌德的談話，就用心地記錄下來。他在歌德的身邊一共待了近 9 年，歌德去世後，他根據記錄的筆記整理成了《歌德談話錄》一書。

後來，愛克曼的這本書使他成了全世界聞名的作家，雖然他寫的詩和論文也很不錯，但這些東西並沒有受到人們的重視。

《歌德談話錄》忠實地記錄了歌德晚年有關文藝、美學、哲學、自然科學、政治、宗教以及一般文化的言論和活動，是歌德一生創作實踐得到的寶貴經驗，體現了歌德晚年最為成熟的思想，因此，在某種程度上說，這部作品也是一本別具一格的歌德傳記。

由於愛克曼的出現，歌德的創作也向前邁進了一大步。

在愛克曼為歌德整理著作時，他發現《浮士德》只有第一部，雖然只是第一部，但寫得卻是非常震撼人心。他讀了一遍又一遍，感覺愛不釋手。愛克曼覺得，這樣好的一部書，如果沒有續集，真是太可惜了。他把自己的想法告訴歌德：「先生，這麼好的作品卻沒有結尾，這實在是太遺憾了。」

歌德對愛克曼說：「我少年時在法蘭克福，聽說了民間關於浮士德博士的傳說。覺得它是一個很好的題材，在我讀大學的時候，我就開始寫了一部分片段。但是，這個故事太龐大了，我一直沒有信心完成它，直到我遇到席勒後，他看到這些片段，才請求我把它寫完。可我總是很忙，於是席勒就總是給我鼓勵，給我建議。可是，當我鼓起勇氣寫完第一部分之後，席勒卻永遠地離開我了。」說著，歌德傷心地流下淚來。

愛克曼也替歌德難過，他安慰歌德：「這樣的話，先生就更應該完成後面的故事了。如果您能把整個故事寫完，豈不是對席勒先生最大的安慰嗎？我想，席勒先生也非常希望您能完成它。」

歌德好像又回到了20年前，席勒催促他的情景，他幽默地對愛克曼說：「你是接替席勒來監督我的吧！好的，我從明天起就動筆。」

歌德說到做到，他第二天真的就坐到了自己的書房寫了起來，從這一天起，他每天早晨的工作就多了一項特定的內容：構思浮士德，再簡單地列一份草稿。

這一年是 1825 年，他的《浮士德》第二部一共寫了近 8 年的時間，到 1831 年 7 月 22 日這一天，他終於把這一部宏偉的不朽著作畫上了最後一個句號。

在這一天，歌德興奮地在日記裡寫道：「主要工作已經完成。最後的收尾，所有抄清了的稿件被裝訂成冊。」至此，歌德一生最為輝煌的業績完成。

歌德筆下的浮士德是 16 世紀德國傳說中的一位著名人物，名叫約翰·喬治·浮士德。他不到 30 歲時，就已經是一個遠近聞名的天文學家，還是一個人人皆知的庸醫，他喜歡說大話，所以故事特別多，並且廣為流傳，並深受各界讀者歡迎。1587 年，他出版了故事書《約翰·浮士德博士的故事》。其實他不是什麼博士，而是一個魔術師和騙子。這本書裡添油加醋，寫進了他與魔鬼訂盟 24 年的傳說，在訂盟 17 年時，浮士德慘死於魔鬼之手。

歌德的《浮士德》用多種詩體寫成，共 12,111 行詩，這部詩劇的情節由兩個賭賽和 5 個悲劇構成。

其中，第一部故事從「天上序幕」開始。這個序幕可說是全劇的一個總綱。上帝與魔鬼打賭，代表善惡相鬥。魔鬼認為浮士德永不滿足，他定能把浮士德引上魔路。上帝認為，「人在努力時，總不免誤入歧途」，但是確信「一個善人即使在黑暗的衝動中，也一定會意識到坦坦正途」，斷言魔鬼一定會服輸。第二個賭賽是浮士德與魔鬼訂的。他們訂約：如果浮士德感到滿足，他就輸了，死後靈魂為魔鬼所有。

於是，追求知識而感到悲哀的浮士德，在魔鬼墨菲斯托導引下，走出書齋，到外面盡情地享受人生。墨菲斯托充當他的僕人，供他驅使。一方面引誘他沉淪，追求情欲，他與少女格麗琴生了一個孩子，然後魔鬼又使浮士德失去了戀人和孩子，來到一個宮廷。

《浮士德》第二部分 5 幕 25 場。浮士德朝見國王。這個國家正在發生經濟危機。浮士德在墨菲斯托幫助下，為國王發行紙幣，從而使國王擺脫了財政困難。接著，浮士德答應國王的請求，借助魔法，召來了絕世美女海倫的亡魂，國王為她的美豔所傾倒。但是海倫終於化成一股煙霧消失了，這意味著浮士德追求美的理想破滅了。

墨菲斯托又幫助浮士德與海倫結合，生了一個兒子歐福良。歐福良學飛，結果墜崖摔死。海倫悲痛萬分，抱吻浮士德後消失了。她留下一件白色衣裳，幻化為一朵雲彩，托著浮士德騰空飛去。

浮士德降落在山頂上，俯視著無際的大海，一個龐大的計劃又湧上心頭：移山填海，造福人類。

正在這時，浮士德幫助自己服務過的一個封建國王平定了內亂，國王賞賜給他一塊海濱土地。於是浮士德想要開拓海疆。但是浮士德這時已經是百歲老人，憂慮吹瞎了他的眼睛。他只能聽到人民勞動的聲音，想像滄海如何變成了桑田，他已經看不見了。這意味著浮士德得到了滿足，根據他與魔鬼打的賭，他輸了，倒地而死。

《浮士德》是一部充滿矛盾辯證統一、充滿幻想的偉大作品，也是一部充滿浪漫主義氣息、稀奇古怪的作品。裡面不僅有上帝和魔鬼，還有各路神仙和精靈以及各種神話人物和怪物。它概括了人類 3,000 年的歷史，被歸納為知識悲劇、愛情悲劇、政治悲劇、美的悲劇和事業悲劇 5 個悲劇。最後浮士德表面上輸了，但是由於他自強不息地奮鬥了一生，百歲之時死去，其靈魂被天使救上天堂。

在歌德之前，英國的劇作家馬婁、德國的萊辛和克林格爾都寫過浮士德，不過歌德筆下的浮士德則顯得更加真實。

因為，歌德的《浮士德》中的人物有很多是自己的生活原型。他 14 歲時初戀的女友就叫瑪格麗特，愛稱是格麗琴。他的老朋友默爾克的外號就是墨菲斯托。同時，在赫爾德爾身上也可以見到浮士德的影子。而浮士德幫助國王的經歷也是歌德自己在威瑪宮廷生活的再現。另外，故事中的歐福良，則表明了英國革命浪漫主義在德國沒有存在的現實土壤，只能在天上飛，掉下來就會摔死。

《浮士德》第二部，主要是靠歌德利用身邊的人和事自己擴展、發揮想像的劇情，它的真實感照顧了西方人的宗教信仰和風俗習慣。

歌德寫好此作品後，就命令愛克曼將手稿封存了起來，他決定，這部書只能等到他死後才能出版。

1833 年，《浮士德》第二部作為歌德的遺著終於傳到了讀者們的手中，大家爭先恐後地閱讀著，很快就風靡歐洲，遍布全世界，成為世界最優秀文化中的一部分，和《荷馬史詩》、但丁的《神曲》、莎士比亞的《哈姆雷特》並稱為歐洲文學的四大名著。

榮獲崇高的榮譽

1825 年 11 月 1 日，是歌德到達威瑪 50 週年，也是他任職 50 週年的黃金紀念日，威瑪城為歌德一人舉行了隆重的大會。

在大會上，人們熱烈地向歌德表示敬意，市長說：「尊敬的歌德先生，您來到威瑪，把威瑪從一個平凡的城市變成享譽世界的城市，威瑪的人們永遠感謝您。為了表示我們對您的崇高敬意，我們把威瑪城公民的身分證送給您的孫子，請您接受吧！」

歌德帶著 7 歲的小孫子走上領獎臺，他的心裡真有說不出的感動，他讓孫子向市長鞠躬致謝，並在領獎臺激動地說：「感謝大家對我的厚愛，如果沒有大家的支持，我怎麼能夠獲得成功呢？所以，我的榮譽也是屬於大家的啊！」

歌德的話音剛落，會場上立即響起了激烈的掌聲，人們小聲地議論著：「歌德先生真是一個謙虛的人呢！」

這天晚上，威瑪宮廷劇院的演員們上演歌德的《浮士德》第一部，請歌德一起觀看。觀眾們看完戲後讚頌地說：「這是迄今為止，德國文學史上最偉大的作品！」

在人們的讚嘆聲中，歌德想起有資格和他一起享受眾人頂禮膜拜的好友席勒，他在心裡說：「沒有席勒，我怎麼會完成這部作品呢？可是，他再也看不見我的成果了啊！」

想起了席勒，歌德覺得自己的時日也已經不多了，他開始考慮自己的後事了，便託人找一處墓地，並找來席勒的遺骨，以便將來把自己的身體和席勒葬在一起。

席勒去世以後，他的遺體被安放在聖·耶拿教堂的地下室裡，無人過問。1826年，在威瑪市長的參與下，歌德親自去耶拿教堂尋找席勒的骨骸。

誰知道地下室裡的骨骸都沒有明確標記，顯得雜亂無章。究竟哪一具才是席勒的呢？這事使年邁的歌德非常愧疚，他懺悔自己對於亡友後事的疏忽，隨即自告奮勇去辨認席勒的遺骨。

在狼藉的白骨堆中辨認20多年前的顱骨，這是連現代法醫鑑定家也會感到棘手的事，何況歌德一無席勒的醫學檔案，二無起碼的鑑定工具，他唯一借助的就是對友情的記憶。這真是對友情的最大考驗了，天下能有多少人在朋友遺失了聲音、遺失了眼神，甚至連肌膚也遺失了的情況下仍能認出朋友的遺骨呢？

歌德想到了唯一可行的辦法：捧起顱骨長時間對視。他把20年前的那些和席勒深夜長談的情景一一回憶在大腦中，一個一個骨頭地想像。

最後，他終於捧定了一顆顱骨，小心翼翼地捧持著前後左右反覆端詳，最後點點頭說：「回家吧，偉大的朋友，就像那年在我家寄住。」

9月17日，席勒的顱骨被移到威瑪圖書館內席勒胸像的臺座上暫放，幾天後，歌德動情地把這副顱骨帶回自己的家中保存了一段時期。

在這期間，歌德仿照義大利詩人但丁的三聯韻體詩寫了〈席勒的遺骨〉，再次表達了他對好友的無窮思念之情，他在這首詩裡寫道：

這是森嚴的骨室，我來觀看，
一副一副的顱骨排得多整齊；
我想起往昔，如今已變得灰暗。
過去的冤家，如今貼緊在一起，
那些曾拚命交鋒過的硬骨頭，
交叉地放著，在此溫馴地休憩。
扭開的肩骨！曾載過何人的頭，
已無人過問，靈活的四肢殘骸，
手和足都已拆下生命的榫頭。
疲於奔命者，你們徒然躺下來，
並不讓你們在墓中安身，
你們又被趕回到光天化日中來。
枯乾的骨殼，哪還有愛護的人，
即使它曾容納過高貴的核心。

1827 年 12 月 16 日，歌德親自主持了席勒的斂屍重葬儀式。

這天，年近八旬的歌德雙手顫抖地捧起席勒的遺骨，老淚縱橫，20 多年前兩人並肩戰鬥，在文壇共同創作、相互勉勵的情景似乎就在眼前。

席勒的墓地和墓穴是歌德親自設計的，位於威瑪王陵公園旁邊的白色大理石圓柱的陵墓，在席勒的墓穴旁，留著一方空地。歌德深情地向人們宣布：「席勒是我最好的朋友。我希望在我死後，你們能把我和他安葬在一起。這是我最大的心願。」

孜孜不倦地學習

1827 年 5 月，年近 80 歲的歌德搬到伊爾姆河畔的那個花園房子住。這時正是美麗的春天，他不由自主地想起了自己的〈五月之歌〉。他嘔心瀝血、創作多年的小說《威廉·邁斯特的漫遊年代》、《義大利旅行》已經快要寫完，他感到一身輕鬆。

面對這大好的春光，歌德的內心又萌生出了想要作詩的衝動。

這天，歌德偶然讀到流行於中國廣東一帶的木魚詞唱本《花籤記》的英譯本。《花籤記》敘述的是才子佳人有情人終成眷屬的故事，算不上出色，但它吸引歌德對中國文化產生了濃厚的興趣。

歌德去圖書館借來許多中國的書籍。有英、法文譯本的《好逑傳》、《玉嬌梨》、《趙氏孤兒》等。歌德認真地讀完以後，產生了這樣的想法：

> 「如果把《好逑傳》裡面優美的故事用德文寫成類似《赫爾曼與竇綠苔》這樣的長詩，把《趙氏孤兒》改寫成德國戲劇，就叫《埃平諾》，不是很好嗎？」

歌德馬上付諸行動，並很快將這些故事的片段上演於威瑪宮廷劇院。

這時候，他已經深深地迷上了中國文學。有一天，他興奮地告訴愛克曼：「我讀了很多英譯本的中國書，真是受益不淺！中國人的一切都比我們更明朗、更純潔，也更合乎道德。他們比我們寬容，容易理解別人。在那裡，人和自然總是生活在一起的，你可以聽到金魚在池子裡跳躍，鳥兒在枝頭唱歌。白天總是陽光燦爛，夜晚也總是月白風清。有許多典故都涉及道德和禮儀。正是這些節制，才使中國維持幾千年之久，並且能長存下去。」

正是在這次談話中，歌德預言了世界文學時代的到來，他第一次提出「世界文學」的概念，比馬克思、恩格斯在《共產黨宣言》中提出這個名詞早了整整20年。

為了迎接世界文學時代的早點到來，歌德和世界各國文學家們的交往也越加頻繁，他更廣泛地研究其他民族的優秀文學作品，吸收別人的長處來不斷地豐富自己。

這一年的5月15日，歌德按照中國詩的意境，成功地運用了中國文學的主題和托物抒情的藝術手段，陸續寫出了14首《中國四季詩》。

同年10月24日，他給好友采爾特寫信說：「小詩若干，匯成一集，冠以標題《中國四季》。本來還能加幾首，也應該再加一點的。」

歌德的這組詩發表於1830年，發表時標題改成了《中德四季晨昏雜詠》。他在標題加上「中德」兩字，說明他意識到自己對中國的了解還停留在書本上，甚為膚淺。詩中的中國色彩並不濃厚。他學習中國的律詞和絕句體還不到家。

這組詩本來題為《中國四季》，但是從內容來看，詩人只描寫了三季景色。其中，第一首勾畫出了中國士大夫的形象：厭倦公務，好遊山玩水，舞文弄墨，常飲酒賦詩。曾供職威瑪宮廷多年的歌德，對這種悠閒的士大夫生活不無羨慕之情。

第八首寫夜景，是 14 首詩中寫得最好、中國詩味最濃的一首。從夜幕垂空，金星出現，夜霧縹緲到柳絲戲水，這一連串的動態描寫，簡直像中國詩人之作。

拉上生命的大幕

1831 年，在完成《浮士德》第二部後的 8 月 28 日，是歌德的 82 歲生日。

為躲避人們對自己生日的盛大慶祝，他在這一天帶著兩個孫兒瓦爾特爾和沃夫岡及僕人，到伊爾梅瑙去了。

這是歌德最後一次離開威瑪。到了那裡，他把僕人和孫兒們安排在林區看燒炭工人、樵夫和吹玻璃工人如何工作，自己便由山區視察員約翰·克里斯蒂安·馬爾陪同，吃力地向基克爾漢山頂峰登去。

他第一次來這裡是 1780 年，他在山上小木屋板壁上題寫的那首小詩〈漫遊者的夜歌〉還在，他在那裡站了幾分鐘，當唸到「稍待，你也安息」一句時，老淚縱橫。

此時，他的好友和親人一個一個都離他而去，先是最尊敬他的公爵去世，再就是他的兒子在前一年的旅遊中去世，他的心裡難受極了。

從伊爾梅瑙回來，歌德感到自己不久於人世。他向老朋友米勒立下了遺囑，全權處理他的作品和出版全集事務，也向愛克曼就出版《浮士德》第二部作了交代。

1832 年 1 月中旬，歌德把已經用火漆封好的《浮士德》手稿拆開，將有些章節朗讀給兒媳奧蒂麗聽。他幾乎沒有什麼改動，又用火漆封了口。

拉上生命的大幕

2月的一天，天氣較暖和，歌德獨自在自家的花園裡待了好幾個小時。臨終前一個半月，他還想到多年不見的瑪麗安娜。他把她的信用火漆封好，寄給她。他還想起蘇萊卡的形象，於是寫了他最後一首情詩。

各人自掃門前雪，
全市住宅都清潔。
每人吸取教訓，
就會成竹在心。

3月初，歌德的一個女朋友蓓蒂娜的二兒子來看望他。歌德看到這年輕人帶來的信，熱情地接待了他。從3月10日至15日，歌德每天請年輕人吃飯。

這年輕人成了歌德招待的最後一個陌生人。

歌德在家待了整個冬天，感到心情煩悶和急躁。他急於到室外活動一下，3月15日，歌德乘馬車出外散步，結果著了涼，患了重感冒。

這時歌德的身體已經不行了，他已成了一個乾瘦駝背的小老頭。

他胸部疼痛，兩眼深陷，面色如土，不得不臥床休息。幾天以後，病情好轉，歌德從床上走下來，向窗外眺望。窗外，乾枯的草叢下面已經泛出一點點綠色。歌德在心裡默默地說：「春天要來了。」可是，歌德沒有等到葉綠花開，3月20日夜裡，他的病情又加重了，他已經沒有力氣了，一下睡著一下醒著。22日早晨，他再次清醒過來，穿戴整齊地來到客廳的沙發坐下，並吩咐兒媳奧蒂麗拿了一本談論法國七月革命的書給他看。

看了一下，歌德又問了今天的日期，便倒在沙發上睡著了。睡夢中，他一直說著胡話，他一下說起了自己的老友席勒，又一下說起自己見到了漂亮女子的鬈髮。

11 時，他睜開眼睛，看到窗簾被拉上了，便望著窗戶喊道：「打開百葉窗，讓我再望這個世界一眼。」他要奧蒂麗過去，說：「來吧，把你的小手給我。」從此，他再沒有說話。他半睡半醒地躺著。垂危之時，他用手在空中舞動著。據在場的人說，好像他寫了一個大寫字母「B」字，但人們百思不得其解。正好在他出生的時刻，這位偉大的詩人在沙發上溘然長逝了。3 月 26 日，威瑪全體公民為歌德舉行了隆重的葬禮，根據他的遺願，他的靈柩被併排地放在他的摯友席勒的靈柩旁。兩口橡木棺材上都用金屬字母寫著他們的名字。在歌德的陵墓上，他早就事先為自己寫好了墓誌銘：

少年時孤僻而倔強，
青年時狂妄而固執，
壯年時敢做又敢為，
老年時輕率而怪誕！
要這樣，你的碑上便可刻著：
一個真正的人在此安息！

附錄：歌德年譜

1749 年 8 月 28 日，生於美茵河畔的法蘭克福。

1765 年 10 月至 1768 年 8 月，在萊比錫學習法律。

1868 年 7 月重病，8 月返回法蘭克福。9 月至 1770 年 3 月在家中養病，完成《同謀犯》。

1770 年 4 月至 1771 年 8 月，在史特拉斯堡學習。

1771 年 8 月，結束學習，獲得法學博士學位，返回法蘭克福。完成《鐵手騎士蓋茲 · 馮 · 貝爾力希傑》。

1772 年 5 月至 9 月，在魏茨拉帝國法院實習。

1773 年至 1775 年，完成《浮士德》初稿、《普羅米修斯》、《穆哈默德》等作品。出版《鐵手騎士蓋茲 · 馮 · 貝爾力希傑》，並成名。

1774 年，完成《少年維特的煩惱》，成為世界知名作家。

1775 年 11 月 7 日，應邀到威瑪。

1776 年 6 月 11 日，被任命為威瑪公國的樞密顧問。

1779 年 2 月至 3 月，寫《在陶里斯的伊菲革涅亞》。

1782 年，6 月 3 日獲得貴族稱號，並在隨後被任命為內閣大臣。

1786 年 10 月，祕密訪問義大利，結識畫家蒂施拜因。

1787 年 2 月至 6 月，前往拿坡里和西西里。

1787 年至 1788 年，完成《艾格蒙特》，開始寫《浮士德》、《塔索》。

1788 年 4 月 23 日，由羅馬動身返國，6 月 18 日抵威瑪。7 月與克里斯蒂安娜 · 烏爾皮烏斯同居。

1789 年 12 月 25 日，兒子奧古斯特 · 歌德誕生，完成〈羅馬哀歌〉。

1790 年 3 月至 6 月，去威尼斯。4 月發現人的顎間骨。開始研究顏色學，完成《植物變形記》、《威尼斯警句》等著作。

1791 年 1 月，接任領導威瑪劇院的職務。

附錄

1792 年 8 月至 10 月，隨同卡爾·奧古斯特出征法國。

1793 年 5 月至 7 月，參加圍困曼因茨之役。完成《市民將軍》、《列耶狐的故事》。

1794 年，建立和席勒的友誼。

1796 年，完成《威廉·邁斯特的學習時代》、《赫爾曼與竇綠苔》。

1797 年 8 月至 11 月，第三次瑞士之行，重新著手寫《浮士德》。

1806 年 4 月完成《浮士德》第一部。10 月 14 日耶納戰役，威瑪被法軍占領。10 月 19 日與克里斯蒂安娜正式舉行婚禮。

1807 年，開始創作《威廉·邁斯特的漫遊年代》。

1808 年 10 月，在埃爾福特受拿破崙召見，同年完成《潘朵拉》。

1809 年，完成長篇小說《親和力》。

1811 年，自傳《詩與真》第一部完成。

1812 年，在泰布利茨與貝多芬見面。《詩與真》第二部完成。

1813 年，《詩與真》第三部完成。

1814 年至 1815 年，寫《西東詩集》、《溫和的諷刺詩》。

1816 年 6 月 6 日，妻子克里斯蒂安娜逝世。完成《義大利遊記》第一部和第二部。

1819 年，完成《西東詩集》。

1823 年，認識愛克曼，創作〈馬里恩巴德哀歌〉。

1824 年，整理《與席勒通信集》。

1825 年 2 月，開始創作《浮士德》第二部。

1829 年 1 月，完成《威廉·邁斯特的漫遊年代》、《義大利旅行》。

1830 年，完成《詩與真》第四部。

1831 年 7 月 22 日，完成《浮士德》第二部。

1832 年 3 月 16 日生病，同年 3 月 22 日逝世於威瑪，終年 83 歲。

詩劇聖手歌德：

沉醉詩歌創作，挑戰權威作家，譜寫傳世名著，發表愛情絕唱，終獲崇高榮譽

編　著：潘于真，胡元斌
發 行 人：黃振庭
出 版 者：崧燁文化事業有限公司
發 行 者：崧燁文化事業有限公司
E-mail：sonbookservice@gmail.com
粉 絲 頁：https://www.facebook.com/sonbookss/
網　址：https://sonbook.net/
地　址：臺北市中正區重慶南路一段六十一號八樓 815 室
Rm. 815, 8F., No.61, Sec. 1, Chongqing S. Rd., Zhongzheng Dist., Taipei City 100, Taiwan
電　話：(02)2370-3310
傳　真：(02)2388-1990
印　刷：京峯彩色印刷有限公司（京峰數位）
律師顧問：廣華律師事務所 張珮琦律師

定　價：299 元
發行日期：2022 年 09 月第一版
◎本書以 POD 印製

國家圖書館出版品預行編目資料

詩劇聖手歌德：沉醉詩歌創作，挑戰權威作家，譜寫傳世名著，發表愛情絕唱，終獲崇高榮譽 / 潘于真，胡元斌編著 . -- 第一版 . -- 臺北市：崧燁文化事業有限公司 , 2022.09
面； 公分
POD 版
ISBN 978-626-332-686-6(平裝)
1.CST: 歌 德 (Goethe, Johann Wolfgang von, 1749-1832) 2.CST: 傳記
784.38　111013129

電子書購買

臉書